DE LA
FORCE MILITAIRE
CONSIDÉRÉE
DANS SES RAPPORTS CONSERVATEURS,

Pour servir au développement d'un plan de constitution disposé dans l'objet de faire mouvoir ensemble et avec l'armée, les corps de l'Artillerie, du Génie et de l'Etat-major, sans altérer et sans confondre leurs fonctions, suivant de grandes vues d'économie, et en ajoutant aux moyens dont ces corps disposent à la guerre et sur les frontieres, toute l'énergie qu'ils doivent acquérir, en se renforçant les uns par les autres, et en dirigeant leurs desseins concertés d'après une seule intention.

Par le Colonel D'ARÇON.

Vis unita fortior.

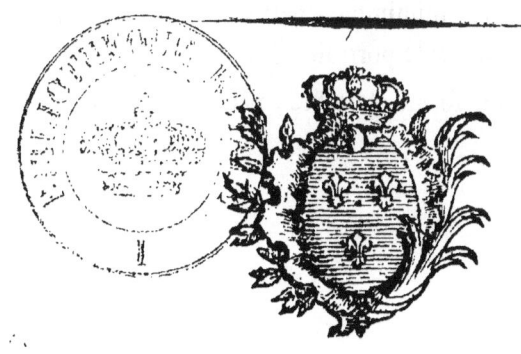

A STRASBOURG,
A LA LIBRAIRIE ACADÉMIQUE.

M. DCC. LXXXIX.

Se vend à PARIS

Hôtel de Bouthillier, rue Poitevin,

& à VERSAILLES

chez BLAIZOT, rue Satory, & chez DANDRÉ, Libraires.

On trouve à la même adresse :

Considérations sur l'influence du génie de Vauban dans la balence des forces de l'état. (du même auteur) gr. 8.   1 L. 4 f.

Aide-mémoire à l'usage des Officiers du corps royal d'Artillerie de France, attachés au service de terre. Metz, 1789.   5 L.

Introduction à l'analyse des infiniment-petits, par Euler, trad. par Mr. Pezzi, avec l'éloge & le portrait d'Euler, gr. 8. Tome I. 6 L.

Elémens de Physique, en forme de table, par Mr. Schurer. 8. 3 L.

Un mémoire volumineux peut éloigner l'attention, et nous voudrions pouvoir la fixer par des résultats. Il s'agit de déterminer une formation simple, dont les effets doivent produire, directement ou indirectement, une économie annuelle de plus de quatre millions. Il s'agit de retrouver le secret de nos forces, par l'entremise même des vues économiques, en accréditant dans l'art militaire, de grandes ressources trop négligées, et par lesquelles, un instrument de meurtres et d'oppression, peut devenir, aux yeux même de la Philosophie, le plus sur garant de la sureté publique.

Il s'agit sur-tout de rappeller, en présence de la nation, aux dispositions qui l'intéressent de plus près, par l'influence qu'elles peuvent avoir sur les proportions et sur la distribution des forces de l'état. Mais pour développer cette constitution, il a fallu en rechercher les élémens; car il en est des instrumens de la guerre, comme de ceux de tous les arts, où les outils doivent être appropriés aux œuvres qu'on veut obtenir.

L'usage des forteresses, les moyens de sureté, et généralement toutes les combinaisons défensives, ont été fort décriés dans ces derniers tems; toute la science militaire a paru se concentrer un moment dans l'art des positions : bientôt la tactique, ce premier, mais fragile instrument des victoires, s'est emparée de toutes nos facultés guerrieres.

Au lieu de faire concourir tous ces moyens dans leurs justes proportions, suivant les circonstances qui devoient les faire prévaloir, on les a vu regner tour à tour, exclusivement, d'après le crédit fugitif de leurs partisans.

Telle est l'origine de nos variations et de cette foule de changemens qui, en fatigant les ressorts de la machine militaire, en ont enfin brisé le régulateur. De là, les mouvemens précipités, les saccades, les reductions, les augmentations, les suppressions, les bouleversemens, et enfin la dispersion des corps dont l'analogie des fonctions les invitoit à se rapprocher et à se renforcer par le concours de leurs moyens. On en étoit à fondre les anciens corps de l'artillerie et du génie, avec l'intention de se servir de leurs débris pour favoriser des créations nouvelles, pour isoler les mineurs, les sapeurs, l'état-major, les géographes, les constructeurs, etc. pour ajouter encore aux progrès continuels des corporations particulieres, qui, se couvrant du prétexte d'une utilité à venir, ne cherchent au fond qu'à se dépouiller mutuellement, à rivaliser de prépondérance, à multiplier les dépenses du gouvernement, et même à nuire au succès des opérations, avec tant d'aveuglement, que même en traversant les entreprises de ses rivaux, on se persuade encore n'être animé que par le pur zèle du service.

Il est tems de rompre la chaîne de l'intérêt particulier, qui provoque sans relâche à multiplier ces petits corps exclusifs ; il est tems de faire évanouir cet amas de prétentions opposées qui ne peuvent produire qu'une véritable anarchie dans les desseins militaires ; il est tems d'attaquer, ou d'affoiblir au moins, cet invincible préjugé qui nous entraîne à ne considérer les corps militaires que d'après le plus ou moins d'avantages qu'en retirent les individus qui les composent ; il faut reconnoître enfin que ces corps, ne devant exister que pour le plus grand intérêt du service, il est pressant de faire concourir les moyens dont ils disposent vers les objets qu'ils doivent remplir ; il faut par conséquent les dégager de ces excroissances parasites qui en appauvrissent les fonctions les plus essentielles ; qui semblent ne se nourrir de leur substance que pour les déssecher et pour périr plus promptement avec eux.

Réunir plusieurs fonctions analogues sans les confondre et sans surcharger les hommes, qu'on y destine, est le vrai secret des grandes économies ; et si c'étoit aussi celui d'un meilleur ordre et d'un plus grand degré de force et de perfection dans l'exécution des parties de l'art militaire, dont les rapports et les liaisons exigent unité d'intention, il n'y auroit plus à balancer. Mais il faut convaincre, et pour y parvenir il est nécessaire de remonter aux principes des destinations des corps dont la constitution nous intéresse.

Observations générales fur les moyens de sureté.

Si les forteresses pouvoient perdre l'influence qu'elles ont dans la balance des forces de l'état, si les opérations des sieges devoient être désormais aussi rares qu'on l'a prétendu dans ces derniers tems, si la science des mouvemens et des manoeuvres faisoit négliger celle des positions et des retranchemens des armées, si l'art de la défense enfin n'étoit pas directement ou indirectement celui de la conservation des empires, il s'ensuivroit nécessairement dans nos armées, des accroissemens dont il seroit impossible de fixer le terme. On conçoit en effet, que la force des hommes, si souvent liée aux dispositions morales du moment, ne pouvant plus reposer, au moins par intervalles, sur aucuns points de sureté, ne dépendroit plus que du hazard. Cette discussion nous écarteroit de notre objet; mais il est certain que la constitution des corps de l'Artillerie et du Génie, ainsi que celle de l'Etat-major, devroit s'en ressentir; il faudroit au moins les proportionner au nouvel ordre de choses qu'on auroit adopté.

Cependant il est permis de s'étonner que la sécurité, dont a joui la France, au milieu des guerres qui ont dévoré l'Europe, n'ait pas été capable d'arrêter le torrent des opinions, qui se sont élevées contre le système de la sûreté de l'état par le moyen des forteresses: que des revers, des signes de décadence et des fautes en tous genres se soyent fondues pour ainsi dire au pied de nos remparts, et qu'on ait pourtant affecté de redoubler de mépris à l'égard de ces Boulevards libérateurs : que l'esprit conservateur ait été dédaigné, décrié, qu'il ait été même durement repoussé par certains administrateurs : qu'on ait insisté enfin, pour raser un grand nombre de places fortes, *parce que*, disoit-on, *elles n'avoient jamais été attaquées ;* ce qui annonçoit précisément un des plus grands mérites qu'elles puissent avoir.

Mais ce ne sont pas là seulement des résultats de l'inattention ou de l'ignorance ; la fausse ambition déployoit aussi son adresse dans ces projets de destruction. Opposons la constance aux décrets de la legereté, et ne nous lassons pas de répéter que sans l'heureux établissement des points de sureté qui couvrent nos frontieres, il faudroit au moins 80 mille hommes de plus dans l'armée, pour arriver à l'équilibre de puissance à l'égard de nos voisins : que cet équilibre supposé ne nous mettroit point encore à l'abri des hazards de deux ou trois batailles perdues : qu'une pareille augmentation couteroit (proportion de cavalerie comprise) près de 30 millions annuellement ; tandis que l'entretien des forteresses ne coute que 19 cent mille livres, dont la distribution d'ailleurs vivifie d'autant la circonférence : car mille canaux aboutissent à l'obstruction du centre, et il en est bien peu pour ramener la circulation vers les extrémités languissantes.

Ce n'est pas que les forteresses n'ayent occasionné des abus ; celui par exemple des états-majors impotens, ou des gouverneurs qui ne gouvernent jamais, pourroit se réduire aux places de récompense qu'il est nécessaire de réserver ; d'autant que lorsqu'il s'agit de défendre les places, ces emplois sont constamment remplacés par des officiers choisis dans la partie active de l'armée. Ce n'est pas qu'on ne puisse aussi cesser d'entretenir certaines places, éloignées des frontieres reputées militaires; mais ce doit être à l'avantage de celles qui seront conservées. Observez que *cesser d'entretenir* n'est pas détruire : les masses restent, et l'expérience est faite qui démontre qu'en quinze jours de travail, on peut faire respecter des masses de remparts, déformées par le tems. Il ne faut pas non plus négliger certains avantages, quand ils ne tiendroient même qu'à l'opinion : des malveillans ne manqueroient pas de dire, que l'on travaille à démolir la France : et il ne faut pas que les étrangers puissent le penser.

Cependant les partisans de la destruction prétendent *que les forteresses énervent une armée, par les garnisons qu'elle est obligée de fournir.* Tel est l'argument du jour. Remarquez, qu'il n'y a que deux manieres d'être à la guerre; en offensive ou en défensive. Dans le premier cas vous êtes en avant de vos forteresses, et alors elles ne vous servent que de dépôt pour assurer vos magazins et vos communications; et dans cette situation vous n'êtes nullement obligé d'affoiblir votre armée pour fournir à leurs garnisons. Il y a plus; c'est que l'armée offensive, dans ce cas, employera réellement beaucoup moins de monde en communications pour garantir ses convois, qu'il ne lui en faudroit, si ses derrieres étoient dépourvus de points de sureté.

Si au contraire votre armée est en défensive, votre intérêt alors seroit seulement de vous maintenir et d'éviter toute action décisive. Or, dans cette situation, il ne s'agit plus de la force numerique de l'armée, mais uniquement de la valeur des positions, qui, entre les intervalles et l'appui des forteresses, vous donneront au plus haut degré la faculté de refuser tout engagement jusqu'au moment, où d'autres circonstances et des proportions plus avantageuses dans les forces mobiles vous permettront de reprendre le rôle offensif.

Il est donc sensible, que la combinaison des forces de l'armée avec la valeur des positions que fournissent les intervalles des forteresses, est de tous les systêmes de défense, qui conviennent à la France, le plus économique que l'on puisse concevoir; et comme il jouit d'ailleurs de l'avantage d'avoir subi l'épreuve de plus d'un siecle de sécurité pour l'intérieur, il mérite au moins la plus sérieuse attention du gouvernement; d'autant plus encore, si l'on considére l'alternative, qui, en exigeant un accroissement de 80 mille stipendiaires dans l'armée, arracheroit autant de citoyens aux arts, à la culture, au commerce, à la population, et enfin aux contributions qui constituent la richesse de l'état.

On nous arrête ici par la supposition d'une évaluation arbitraire dans ces 80 mille hommes de plus, que nous prétendrions être nécessaires, si la France n'avoit pas une chaîne de forteresses. Remarquez, qu'un calcul exact, quoiqu'assez compliqué, nous conduiroit à des résultats beaucoup plus favorables au systême des places fortes; mais il nous suffit de dissiper cette accusation de l'arbitraire, en observant tout simplement que l'une des puissances voisines et rivales entretient au moins 80 mille hommes effectifs de plus que la France, et que cette puissance la respecte.

Si la secte anti-fortifiante, qui a fait tant de progrès dans ces derniers tems, essayoit de profiter de la fermentation actuelle des esprits, pour étayer cette manie destructive, en disant *que les places fortes menacent la liberté des citoyens* ; on repondroit, que les places n'ont qu'une force d'inertie, indifférente aux citoyens : que c'est par les armées nombreuses, composées d'étrangers et de vagabonds, qu'on pourroit peut-être enchaîner la nation. Cependant comme la France est entourée de voisins armés et jaloux, et que cette situation lui rend impossible le projet de désarmer, il lui faut nécessairement une armée permanente ; mais qui sans l'heureuse entremise des forteresses devroit être plus nombreuse, et par conséquent plus dangereuse pour la liberté publique. Observez d'ailleurs, que si le tems arrivoit où la nation put renoncer à l'ambition de prendre part à toutes les guerres de l'Europe, si elle pouvoit se borner à faire respecter ses frontieres, ce ne seroit précisément que par le moyen des places fortes qu'elle y parviendroit; puisque c'est celui par lequel une milice, purement nationale, pourroit acquérir le plus de valeur.

On s'est efforcé, dans un tems, d'éluder ces résultats par des propositions éblouissantes ; en affirmant, *que toute la force de l'état réside dans les qualités manoeuvrieres d'une armée en campagne ; que les grands généraux dédaignent les retranchemens, qu'ils haïssent les sieges ; QU'ILS NE VEULENT PLUS EN FAIRE ; que le roi de Prusse détestoit les fortifications etc...* et delà, des conséquences tendantes à dissoudre les corps constitués pour les sieges. Comme si des circonstances éphémeres pouvoient être la mesure des besoin de l'avenir ! Comme s'il pouvoit dépendre du goût et de la volonté des chefs de guerre de s'opposer à des entreprises ordonnées par la nécessité ! Comme s'il pouvoit convenir à la France de convertir l'art de la guerre en combinaisons fugitives, qui conduiroient aux dévastations, à la maniere des Tartares sans patrie ! Nous sommes loin d'affoiblir l'opinion qu'on doit avoir de la science des batailles ; mais on fera toujours des sieges, parce que l'intérêt de conservation exigera toujours que l'on cherche à fixer les hazards par des fortifications ; et lorsqu'on n'en aura pas de bonnes et de permanentes, il faudra bien s'en dédommager, en en édifiant passagèrement de mauvaises ; d'autant que ces moyens caracterisent foncierement l'un des progrès le plus déterminé de nos arts militaires.

Qu'on ne croie pas que le corps du Génie ait adopté à cet égard aucun systême exclusif; l'opinion de quelques particuliers, nullement avoués, ne fit jamais sa regle : si ce corps a résisté à une foule de nouveautés ruineuses, dont on donnera une esquisse, et s'il a sçû profiter économiquement des choses faites, il n'en est que plus disposé à y ajouter, (autant que les moyens le permettent) tout ce que le génie d'invention a pu concevoir de toutes parts. On fera connoître que la plus part des dispositions, dont le Génie peut disposer, sont liées avec celles qui émanent du corps de l'Artillerie ; et l'on accuse également celui-ci de n'adopter que les inventions qui naissent dans son sein. Comme les faits déposent hautement le contraire, il suffit d'avertir que telle doit être l'accusation bannale des empiriques, qui, voyant leurs sottises repoussées, s'en prennent à l'esprit prétendu exclusif de ces corps.

Au surplus, s'il étoit vrai que le grand Frédéric eut *détesté les sieges*, ce ne seroit évidemment que parce que les sieges l'arrêterent, et que treize batailles gagnées au prix de 200 mille morts, ne purent lui valoir ce que les accessoires de la science des sieges, lui auroient peut-être procuré. O VANITÉ DES VANITÉS ! VANITÉ DES BATAILLES ! s'écrioit ce Monarque, aussi véridique qu'il étoit grand. Il venoit de remporter une victoire complette ; mais les vaincus trouvant un azile sous les murs de Dresde, il s'apperçut qu'il n'avoit rien obtenu. Croyez que le roi de Prusse a senti mieux que personne la nécessité des places fortes. *Il les avoit en horreur*, dit-on ; et il en a fait construire un très-grand nombre ; mais il manquoit d'artistes militaires, et son génie rapide l'ayant trop éloigné de ce genre, il y a toujours été trompé par des constructeurs, d'autant plus méprisables, qu'il avoit eu le premier tort de les mépriser.

Qui ne voit d'ailleurs qu'un général qui *n'aime pas les sieges, et QUI NE VEUT PLUS EN FAIRE*, se condamne nécessairement à escalader toutes les places qu'il rencontre sur son chemin ? Or, non seulement le roi de Prusse, à qui les escalades pouvoient convenir, puisqu'il ignoroit l'art des sieges, n'en a jamais tenté aucune, mais le plus souvent il a respecté de simples camps retranchés.

Un écrivain, qui n'est pas du métier, mais dont le

génie a pénétré toutes les parties de l'intérêt public, a traité cette question ; il grossit les objections contre les forteresses ; mais ramené par une discussion approfondie, il conclut de force en leur faveur. Il est rémarquable, cependant que le même écrivain, supposant généralement la possibilité des escalades, semble les préferer un moment à la lenteur des procedés des sieges. Qu'auroit-il donc pensé, s'il avoit pu savoir que l'escalade est à-peu-près impraticable dans la plupart des forteresses, et qu'il existe des moyens faciles, et applicables à toute espece de fortifications, de la rendre absolument impossible ?

Enfin c'est très-mal à-propos qu'on a prétendu décréditer les moyens fortifians par l'autorité du roi de Prusse. La légereté n'a su l'apprécier que d'après des résultats éclatans; mais en l'observant de plus près, on reconnoît qu'il a senti au moins confusément tous les avantages de cet art qui enchaîne les hazards. Il suffit de jetter les yeux sur les places qu'il a fait construire et sur le nombre de celles qu'il entretient, malgré la défaveur de ses états morcelés ; car il est vrai que les places fortes pourroient nuire, si elles ne pouvoient être corroborées par des armées centrales. Voyez d'ailleurs ses instructions à ses généraux ? *Une armée foible*, dit-il, *choisira toujours un pays coupé et montagneux.* . . Ce qui signifie qu'elle doit rechercher l'appui des fortifications naturelles. Il ajoute en effet, *que, pour suppléer au terrein, on emploie l'art des fortifications.* . . *Que les généraux habiles savent mettre l'ennemi dans la nécessité d'attaquer les points dont ils ont doublé la fortification.* . . *En cas de revers*, dit-il ailleurs, *on se met sous la protection d'une place forte, comme fit le maréchal de Neuperg, qui, étant battu à Molvitz, prit un camp excellent sous la ville de Neisse*... *Un grand général est inattaquable, quand il sait préparer les moyens d'occuper de pareilles positions*. Il dit encore : *un officier a besoin de connoissances ; mais une des principales est celle de la fortification*... Partout il rend hommage aux moyens de sureté; si ce n'est directement et en propres termes, au moins toujours par le fait, ou par l'explication de ses maximes, non pas à la vérité par des connoissances approfondies, mais par le sentiment de l'art, dont on voit qu'il étoit pénétré.

De ce que les forteresses du haut Rhin ont été démantelées, de ce qu'on a rasé celles des Pays-bas, on en conclut d'abord *que l'art des sieges doit tomber en désuetude, et que ceux qui en possedent les connoissances & les ressources, sont à-peu-près superflus*.

Pour apprécier cette opinion, il convient de porter ses regards à quelque distance dans l'avenir; d'après cela, on peut bien supposer telles circonstances qui ameneroient une rupture, qui conduiroit les armées françoises à faire l'invasion des Pays-bas : elles la feroient sans coup férir ; rien d'abord ne dédommageroit l'ennemi de nous avoir abandonné ce premier avantage. Après cela, des armées allemandes, accourant au secours de ces Provinces, nous feroient sentir pressamment la nécessité de nous y maintenir ; et pour cela nous y établirions des points de sureté, à la faveur desquels nous prendrions consistance sur des positions; on s'y renforceroit, on y recevroit des secours, et enfin nous redeviendrions attaquants à notre tour. Telles sont en général les alternatives de ces manoeuvres d'industrie; mais quelqu'en fussent les résultats, on voit que cette guerre, entreprise d'abord dans un pays absolument ouvert, prendroit le caractere d'une guerre de siege; et ce qui est remarquable, c'est qu'elle ne prendroit ce caractere que par une suite nécessaire de nos progrès dans l'art militaire; on y temporiseroit, on se fortifieroit, on seroit attaqué, on disputeroit le terrein, on ne le céderoit qu'en détail; l'ennemi s'épuiseroit: nous reprendrions nos avantages; on feroit exactement ce que firent dans la derniere guerre d'Allemagne les armées de France, qui malgré des revers et des batailles perdues, trouverent cependant le secret de s'y maintenir pendant sept années consécutives; et ce ne fut assurément que par le parti que les généraux surent tirer des places ou postes multipliés dont ils s'assurerent la possession par des travaux fortifians.

C'est delà pourtant que date le discrédit de l'art des sieges, ainsi que de celui des fortifications; il a pris naissance très-peu de tems après cette même guerre d'Allemagne, qui est précisément celle où l'on en a fait le plus d'usage et où leur utilité a été le plus marquée*).

---

*) Il suffit à cet égard de représenter la liste des points fortifiés, attaqués et défendus... Les deux défenses et l'attaque de *Munster*; la défense de *Harbourg*, l'attaque de *Mepen*, les deux défenses de *Cassel*, le blocus actif de *Goettingen*, la défense de *Dorstein*, les moyens de défense employés à *Hoexter* et à *Mülhausen*; l'attaque et les deux défenses de *Marbourg*, l'attaque et la défense de *Zie-*

Cette singularité provient, ainsi que nous l'avons observé, de l'éclat éphémere des campagnes du roi de Prusse, dont le génie rapide, idolatré par une nation vive, jetta un grand discrédit sur toutes especes de combinaisons moins brillantes ; particulierement sur celles dont les rapports conservateurs pourroient consoler peut-être des malheurs inévitables de la guerre. Ce genre temporiseur, qui porte si doucement, mais si surement à prévenir les révolutions qui ébranlent les Empires, ose à peine présenter aujourd'hui ses timides combinaisons ; elles sont foudroyées d'avance par des hardiesses litteraires accréditées. Il est aisé de juger pourtant, que les systêmes circonspects, qui donnent aux hazards le moins de prise, sont ceux-là même qui conviennent à la France, puisque son étendue, fixée entre les limites naturelles

---

genheim, la défense de *Wezel*, la surprise et l'attaque de *Diellenbourg*, le siége de *Wolfenbüttel*, l'attaque de *Chartzfeld*, l'évenement de *Waldeck*, la défense de cinq jours, mais décisive de *Fritzlar*, les dispositions de défense employées à *Gueldre*; les points d'appui et de défense établis à *Lipstatt*, à *Giessen*, à *Munden*, et dans une multitude de points de sureté, dont la plupart ne furent point attaqués, parce qu'on les fit respecter par des fortifications. Ajoutez les avantages qu'on se procura en assurant de grands dépôts dans les villes de *Hanau*, de *Wurtzbourg*, de *Francfort*, de *Cologne*, de *Rhinfeld*, de *Wezel*, etc.

Observez que nous ne parlons ici que des évenemens de cette guerre où les armées françaises ont eu part ; mais on retrouveroit la même influence des points de sureté dans les Provinces qui ont servi de théatre aux armées qui entouroient le roi de Prusse : on seroit même étonné de ce que la seule défense d'*Olmutz* a produit de différence dans les résultats de cette fameuse guerre.

naturelles les plus heureusement disposées, lui permet d'aspirer à dévenir le premier état de l'Europe, quand même elle borneroit ses vues politiques au seul objet de conserver.

Enfin la raison le dit, et l'expérience l'a confirmé: que toute guerre se termineroit nécessairement aux dépends de ceux qui auroient eu l'imprudence de découvrir leurs' états. En supposant même qu'il fut possible d'agir toujours offensivement, on ne pourroit réussir, avec quelque certitude, à de grands projets d'invasion, qu'en multipliant les points de sureté. Il est sensible en effet, que plus une invasion embrasseroit d'étendue de pays, plus il seroit nécessaire de pourvoir à la sureté d'un grand nombre de magazins, sur la longueur des communications; et plus il faudroit par conséquent déployer de ressources dans l'art de fortifier *).

Les opposans, forcés par l'évidence, avoueront pour-

---

*) Un de nos généraux, qui sut prévoir ce que peuvent les fortifications dans l'offensive, en retira, outre l'avantage de soutenir une communication très longue, celui de sauver l'armée françoise, lors de l'irruption de l'ennemi sur les quartiers de la Hesse, en 1761, on le croyoit perdu; mais il avoit laissé derriere lui une longue suite de points fortifiés, qui formoient plus que la valeur de trois lignes de places; ce fut dans la crise de cette apparente déffection, après une retraite de 40 lieues, au moment de son entrée dans Francfort, qu'un connoisseur lui dit ces paroles remarquables: *tant que* LES CONTREFORTS *subsisteront l'édifice ne croulera point*... Les contreforts resisterent en effet, et le général françois, retournant sur ses pas, reprit ses avantages et avec un ascendant dont on a connu le mérite... Ceci en dit plus que toutes nos dissertations sur l'importance des forteresses.

tant la nécessité de points de sureté, (aussi bien ce sont eux qui, par une inconséquence bizarre, savent le mieux en profiter lorsqu'ils en rencontrent à la guerre); mais ils veulent tout réduire *en fortification du moment*.... Qui ne voit que ce n'est là qu'une mauvaise défaite ? Car il est bien simple d'imaginer que qui peut le plus, peut le moins. D'ailleurs, il est une foule d'objets importans, que ne peuvent comporter les fortifications passageres ; les troupes n'y trouveroient d'abord que des établissemens pour le moins imparfaits; mais les manoeuvres d'eau, les dispositions des contre-mines, les communications sousteraines, les moyens décisifs de la défensive active, l'efficacité des obstacles, qui dépendent de la largeur et de la profondeur des fossés, de la grandeur et de la solidité des masses résistantes... Tous ces objets exigent des préparations de longue main, qui ne peuvent appartenir qu'à la fortification permanente.

Au surplus, si cet art de renforcer des positions se montre avec autant d'intérêt que de nécessité dans les circonstances d'une défensive plus ou moins prévue, et dans celles même qui n'annoncent que des desseins offensifs, si des fortifications inconsistantes et passageres procurent déjà tant d'avantages, on peut juger à quel point la solidité, la prévision et la permanence des mêmes moyens, doivent en augmenter l'efficacité; étant surtout appliqués à la sécurité d'un état formé et dont la splendeur pourroit ne dépendre que du soin de se maintenir. Mais quelle attention ne mériteroit pas ce même genre de guerre, s'il étoit vrai qu'il dut conduire insensiblement à convertir une science vague, meurtriere et toujours hazardeuse, en un art dont les moyens calculables et combinés d'avance, pourroit à la fin déterminer une sorte d'équilibre entre les puissances belligerentes? C'est par cet art enfin, qui détourne des desseins offensifs par cela même qu'il préserve d'être offensé, qu'on parviendra à réconcilier la profession des armes avec la philosophie du vrai citoyen.

Il ne faut pas dissimuler que quelques uns de nos jeunes généraux combattent vivement ce sistème; on vient d'entendre leurs objections; mais ils ajoutent, qu'en *dernier résultat il seroit plus noble ET PLUS MILITAIRE de décider promptement ces grandes questions par des batailles*... Si l'on osoit expliquer ces paroles, elles signifieroient qu'on peut bien maintenir l'état, surement et par des moyens éprouvés; mais qu'il faut préférer de l'exposer aux dévastations et même aux hazards des démembremens, ou de passer dans de nouvelles dynasties... Tout ce qu'on pourroit répondre à cette proposition seroit de la traduire au jugement de la nation françoise.

Les circonstances actuelles peuvent ajouter un grand intérêt aux questions précédentes; nous ne les avons considérées toute fois, que par rapport à notre objet; puisque la constitution des corps de l'artillerie et du génie est intimement liée à ce sistème économique et conservateur. Or, comme il est vrai, que ces corps ont rempli jusqu'à présent une destination qui raffermit essentiellement cette partie de la force publique; comme ils sont institués d'ailleurs dans les rapports d'utilité qu'ils doivent avoir pour la guerre de campagne, il semble qu'on pourroit ne point toucher à leur constitution...

Nous observerons cependant, que si l'art a fait des progrès, l'esprit de prétention en a fait d'avantage ; que les connoissances, plus généralement répandues, ont fait dédaigner des institutions vieilles ; qu'il s'en est suivi des dégénérations très-réelles ; que l'ambition particuliere a dénaturé les destinations ; qu'elle a cherché à morceler toutes les parties pour s'en composer des domaines particuliers, et qu'enfin l'on a vu se former jusques à douze de ces compagnies indépendantes, (on en présentera le tableau à la suite de ces mémoires) qui n'aspirent, d'un peu plus près ou de plus loin, qu'à se disputer l'attribution de tous les détails militaires qui tiennent à la pratique des arts et au génie d'industrie. . . .

Dans ce conflis universel, les individus, qui appartiennent aux anciens corps, sont souvent oubliés ; tout se fait par commissions particulieres, à grands frais et toujours en faveur des nouveaux venus ; il ne s'agit plus par conséquent de l'intérêt des opérations ; mais uniquement de satisfaire l'ambition des projeteurs. On fera connoître les desordres qui s'en suivent.

Sans doute il ne faut point confondre ni cumuler sur les mêmes individus celles des fonctions qu'on peut distinguer par une séparation bien marquée ; nous ne parlons que des branches, qui appartiennent au même arbre, et qui féconderoient si elles tenoient à leur tronc commun ; celles qui en ont été détachées, et que l'on voit encore arrachées par la rivalité pour les morceller, les mutiler et les réduire le plus souvent à des objets imperceptibles ; mais auxquels pourtant l'égoïsme des corps trouve le sécret de prêter une grande importance ;

car ce n'est qu'alors, que manquant d'aliment dans son art ; l'esprit de charlatannerie se déploye et fait le plus d'efforts pour donner de l'importance à des choses qui ne méritent souvent que du mépris.

Il est sensible qu'une constitution simple qui rapprocheroit tous ces lambeaux épars, qui, sans trop exiger des mêmes individus, les rendoient souvent propres à plusieurs mains, permettroit d'abord d'en réduire le nombre dans les justes mesures de leur utilité.

Il existe d'ailleurs des occasions fréquentes de contradiction entre les corps de l'artillerie et du génie, et avec tous ceux qui se sont formés de leur écorce ; c'est d'après cette considération que nous avons proposé d'en éteindre la rivalité par une réunion : mais en évitant de confondre et d'intervertir celles des fonctions qui doivent rester distinctes ; et cela par un classement indirect et tellement disposé que l'on puisse toujours distribuer des employés choisis, suivant la nature des commissions à remplir.

On a remarqué que ces mêmes corps, par une suite des démembremens qui ont eu lieu, avoient de longs intervales d'inaction, c'est pourquoi nous avons proposé d'en augmenter l'activité, en leur attribuant toutes les parties du service qui ont des rapports prochains avec les moyens dont ils disposent à la guerre et sur les frontieres.

On a vu particulierement appauvrir l'un de ces corps de ses fonctions les plus essentielles, par des créations toutes nouvelles qui ont constitué l'état en des accroissemens de dépense très-considérables ; c'est une des raisons qui nous a fait proposer de les concentrer en une constitution simple, qui au lieu du choc perpétuel de tant de parties correspondantes ordonnées à part, les feroit mouvoir ensemble avec une grande harmonie, en s'aidant et en se renforçant les unes par les autres, et avec une économie positive qui s'élève à la somme de 1,234,000 liv. sans y comprendre des épargnes plus considérables, résultantes de ce qu'on auroit fait disparoître l'occasion des dépenses énormes qu'entraînent les entreprises bizarres et tous les faux projets qui sont les suites inévitables de la multiplication de ces corps, qui ne rivalisent communément qu'à force de projets. On fera connoître par le simple apperçu de ces fausses dépenses, qu'elles se sont montées au moins à 3,000,000 liv., ainsi l'économie totale de notre plan s'éléveroit à plus de 4 millions annuellement.

Ajoutons que l'organisation doit être tellement combinée, qu'un petit nombre d'individus à talens marqués (par une extention naturelle de leurs fonctions ordinaires, et désignés de loin secretement par une administration attentive), soient à portée d'en saisir l'ensemble, pour arriver au grand objet de l'unité d'intention qu'exige nécessairement l'exécution des meilleures conceptions.

Qu'on ne dise pas *que pour regner il faut diviser; que le gouvernement trouve son avantage dans la rivalité de plusieurs corps, que les questions sont mieux discutées, qu'il en résulte des effets utiles d'émulation, etc.* le contraire arrive précisément: l'homme de l'art propose une disposition raisonnable; le rival à prétention se trouve là, qui épie l'occasion de s'entremettre;

il cherche un aliment quelconque, et il contredit d'abord, car il lui faut un schisme pour être apperçu.: on sent bien qu'il n'employe pas des raisons dans le pays où l'on n'a pas le tems de les entendre, mais il met les puissances en mouvement; il obtient toute faveur, et delà s'en suivent des entreprises ruineuses et souvent absurdes ; on n'a vu que cela dans ces derniers tems *).

La stimulation de l'envie pourroit produire peut-être quelques effets utiles entre des corps destinés à agir séparément sur des objets indépendans; mais ce seroit un étrange abus des termes de prétendre obtenir ce véhicule, en attisant le feu de la jalousie, entre plusieurs corps obligés de s'entraider, pour agir en commun en des opérations qui exigent un dessein unique : la rivalité, dans ce cas, porte directement au détriment de l'objet; de même précisément qu'elle y porteroit entre plusieurs soulpteurs rivaux qu'on attacheroit à l'exécution de la même statue.

Ecartons des généralités d'après lesquelles il paroîtroit dangereux de prononcer : développons successivement les principaux rapports qui existent entre toutes ces parties, dont l'analogie demande que les desseins soient concertés, et faisons connoître que la raison d'économie, aussi bien que l'intérêt des opérations, sollicitent également les rapprochemens que l'on propose.

---

*) Nous sommes en état de prouver, et l'on en jugera à la suite de ce mémoire, que depuis quinze ans on a jetté plus de 80 millions à la mer en travaux bizarres et dont l'inutilité est aujourd'hui reconnue; et cela provenant uniquement de la rivalité des petits corps qui ont besoin de projets pour avoir une existence.

Sur l'Artillerie et le Génie.

Ces deux corps n'étoient, pour ainsi dire, point séparés dans le principe ; ils étoient au moins réunis d'intention ; cela provenoit de ce que la grande prépondérance du maréchal de Vauban lui avoit soumis toutes les dispositions de l'attaque des places ; ce qui n'étoit qu'une conséquence naturelle de l'autorité qu'il avoit eu sur toutes les préparations défensives. Il projetoit et l'on exécutoit de suite ; les batteries étoient placées sans contradictions d'après ses plans. On sentoit alors que les tranchées ne sont faites que pour communiquer aux batteries, et que ceux qui étoient préposés par état à disposer et à exécuter toutes les routes destinées à conduire progressivement à tous ces rapprochemens des batteries, devoient en connoître d'avance les emplacemens, et devoient par conséquent les décider ; d'autant que ces emplacemens dépendent uniquement du tracé de la forteresse, dont la connoissance appartient au fortificateur.

Des titres fondés sur la nécessité d'une attribution aussi naturelle se sont affoiblis ; on les a méconnus à mesure que l'esprit de prétention s'en est mêlé : il a fallu ordonner le *concert*, et comme les sentimens ne s'ordonnent pas, l'opposition secrète n'en a été que plus active : elle est parvenue au point que si les généraux n'étoient pas en état de résister aux influences pernicieuses de ces rivalités, on pourroit voir d'un côté, des tranchées sans batteries, tandis que de l'autre, on verroit des batteries sans tranchées ; et bientôt les mineurs procéderoient aussi de leur côté, sans correspondance quelconque ni avec les cheminemens du Génie, ni avec les emplacemens de l'Artillerie. Voilà des embarras inévitables dans l'état de séparation de ces corps; car d'après les connoissances répandues très-généralement aujourd'hui dans l'Artillerie, il ne seroit pas proposable de réduire les officiers de ce corps à n'agir que d'après des plans tout formés et combinés par d'autres mains: on sait d'ailleurs que les officiers du Génie sont chargés de faire la reconnoissance des places dont il s'agit d'entreprendre le siege; il le faut bien; et cette attribution même ne peut pas changer; on voit en effet, que la suite des opérations topographiques les met naturellement en possession de toutes les bases planimétrales nécessaires à ces reconnoissances; se trouvant d'ailleurs chargés de disposer, de construire et de combiner les divers degré de force des places, il leur appartient essentiellement d'en découvrir le fort et le foible; ils dressent en conséquence les projets des attaques et il est assez connu que ces dispositions entraînent nécessairement celles des emplacemens des batteries.

Voilà donc une source intarrissable de contradictions: on y rémedie autant que l'on peut, par politesse, par abandon, et en mutilant les articles des ordonnances des deux corps qui ont rapport à cet objet. Encore faut-il que le hazard assortisse des chefs assez sages pour faire céder celui de ces corps qui, pour le moment, auroit plus de raison que de crédit. Mais pourquoi faut-il donc que des opérations, aussi importantes, ne dépendent que du hazard, qui fait rencontrer si rarement des esprits concilians? Par ces raisons seulement la réunion de ces corps seroit déjà nécessaire.

Les préparations à faire dans la défense des places fournissent beaucoup d'autres sujets de contestation ; on a vu les officiers de l'Artillerie et du Génie en opposition de sentiment sur les véritables points de défense d'une place ; il s'en suivoit que le Génie, faisant exécuter de nouveaux moyens de défense sur certains fronts, rendoient inutiles toutes les dispositions que l'Artillerie avoit préparées sur d'autres fronts.

Les mineurs, indépendans de leur côté, pouvoient négliger les parties foibles pour s'attacher aux points déjà reputés les plus forts. Il arrive delà, que l'équilibre, rompu entre tous ces moyens, ne permet que difficilement une des plus grandes ressources de la défense, qui consiste à ramener l'attaquant sur des points déterminés ; en sorte qu'au lieu de se renforcer sur un point prévû d'avance, on ne peut plus que s'affoiblir par des travaux dispersés.

On a remarqué plus fréquemment dans les détails les pernicieux effets de ces discordances ; ici, tel artilleur conçoit une machine avantageuse qui exigeroit une disposition particuliere dans le tracé des ouvrages du Génie. La rivalité y mettra des obstacles. Là, un officier du Génie dispose des parapets dans l'intention de jouïr d'une Artillerie mobile dont les effets se multiplient par la liberté des directions. Attendez-vous qu'il sera contredit. Dans une autre occasion, on avoit combiné telle disposition qui devoit procurer des batteries, qui, donnant le moins de prise possible, se déroboient encore au prolongement des ricochets. On n'en veut pas. On avoit imaginé des épaulemens en charpente, dont les pieces de bois numerotées permettoient de monter des batteries en moins de deux heures; on les démontoit avec la même célérité pour les réproduire sur d'autres points; le Génie en faisoit grand cas; l'Artillerie en pensoit autrement. Les batteries, nommées *traditores*, qui, découvrant sans être découvertes, promettent l'accomplissement des moyens les plus décisifs, ne sont guerre connues qu'en Théorie. On remarque en général, que le Génie voudroit agir sourdement par les effets multiplians des ricochets; l'Artillerie préfére le grand bruit des pleins fouets.

L'ordre de se concerter existe pourtant; mais au moment d'exécuter, l'officier d'Artillerie déclare que ses affuts et les assortimens de ses magazins ne comporte que telle maniere d'employer son arme. Enfin il est impossible de faire un pas dans l'art de l'attaque et surtout dans celui de la défense, sans reconnoître l'indispensable nécessité d'une main directrice entre le mineur, l'artilleur et le fortificateur.

Avouons, que ces méprises sont fréquentes, et que le public militaire n'a pas apperçû les causes qui ont fait succeder en ce genre, une foule de mauvaises manoeuvres; mais ces caufes subsistent, et elles proviennent essentiellement de ce qu'il existe plusieurs intentions sur des objets dont la liaison n'en veut qu'une.

Heureusement tout cela ne tient qu'à la nuance de l'uniforme: la réunion de ces corps préviendroit ces inconvéniens: il suffiroit même, comme on le verra, d'un signe de réunion, qui sans confondre les fonctions, (au moyen d'un classement sécret,) apaiseroit d'abord tous ces mauvais effets de la rivalité.

Nous devons avertir toute fois, qu'une expérience, essayée en 1755, semble avoir décrédité la réunion dont il s'agit ; cela demande une explication ; remarquons d'abord que cette opération fut très-mal exécutée ; aussi jugea-t-on qu'elle ne tiendroit pas ; on prévit néanmoins qu'on y reviendroit ; mais qu'une expérience manquée feroit, qu'il faudroit au moins un demi siecle avant, d'oser l'entreprendre de nouveau. Chacun fut d'accord en effet à la désunion, qu'on y reviendroit un peu plus tôt ou plus tard. Pourquoi douterions-nous donc que les circonstances actuelles ne fussent favorables pour anticiper à cet égard sur l'avenir ?

Il faut convenir d'ailleurs, que cette réunion de 1755 ressembloit plutôt à une confusion. Mr. de Valiere affecta même, d'intervertir à dessein toutes les fonctions, dans la vue étroite de prouver, disoit-il, *que tout artilleur valoit un ingénieur*. Or, comme on se trouvoit précisément au début d'une guerre, on put appercevoir peut-être quelques traces de mal-adresse dans certains détails ; encore ne puis-je me rappeller qu'on en ait cité aucuns traits remarquables. Il est certain du moins, que les principales opérations ne parurent pas se ressentir, autant qu'on auroit du l'attendre, des inconvéniens d'une pareille confusion. Mais le maréchal de Belleisle, ennemi personnel de Valiere, renversa l'édifice après 18 mois d'existence ; lorsque l'instruction commençoit à se répandre de proche en proche ; lorsqu'on touchoit au moment de récueilliir les avantages économiques de l'opération ; avantages, que la prévention soupçonna d'autant moins, que la taciturnité de Mr. de Valiere dédaigna de les annoncer.

L'expérience avoit éclairé d'ailleurs sur les inconvéniens très-réels d'une interversion subite dans toutes les fonctions, et la nécessité alloit ramener insensiblement tous les individus à leur véritable place : d'autant plus aisement que la rivalité commençoit à s'éteindre, quoique pourtant on l'eut provoquée par les plus faux arrangemens.

Il est vrai que plusieurs officiers du Génie parurent se livrer exclusivement aux exercices de l'artillerie ; ce n'étoit point un mal, d'autant que réciproquement quelques officiers d'Artillerie, disposés à l'esprit de calcul, se rapprocherent des fonctions du Génie. Il suit delà que l'expérience de cette réunion, toute mauvaise qu'elle parut, loin de prouver contre la bonté de l'opération, pourroit servir au contraire, en l'examinant de plus près, à en confirmer les avantages ; puisqu'elle avoit résisté par le fait à un très-mauvais plan ; tellement qu'on ne peut articuler aucun événement de cette époque, où le service en ait souffert.

Cependant, comme il ne s'agit nullement d'avoir raison, encore moins de faire prévaloir des systêmes de prédilection, il convient de combattre nos propres opinions par les plus fortes objections que nous ayons imaginées nous mêmes dans le tems, où, encore imbus des préjugés de corps, nous étions d'ailleurs forcés d'obéir à la pluralité, qui nous prescrivoit DE NOUS ISOLER RE-

SPECTIVEMENT DANS NOS EMPLOIS. Il est certain que ces corps jouissent de plusieurs avantages particuliers, fondés sur leur séparation, et qu'à ne considérer que l'intérêt personnel on devoit s'y attacher fortement. Nous cherchions donc à nous retrancher dans notre fort, et nous disions : *que l'esprit a ses bornes, et qu'il n'étoit pas possible que les mêmes individus pussent parvenir à la réunion d'un si grand nombre de connoissance, et être chargés en même tems de l'exécution de toutes les parties qui occupent séparement les deux corps.* On ne faisoit pas attention que les vues générales sur l'ensemble n'appartiendroient jamais qu'aux premiers chefs, et que ces chefs n'étant plus dans l'ordre des détailleurs suffiroient toujours aux fonctions d'ordonnateurs. On citeroit plusieurs exemples, où les chefs de l'un ou de l'autre corps, ayant pu s'attribuer pour le moment une prépondérance non contestée, ont tiré les plus grands avantages de ce qu'ils réunissoient dans leurs mains tous les moyens de l'Artillerie, du Génie et des mineurs. Sans doute on n'exigeroit jamais des détailleurs qu'ils fissent plusieurs choses à la fois; mais ils s'acquitteroient toujours fort bien *de celles auxquelles on les auroit reconnus propres.* Voilà tout le secret de la constitution que nous devons chercher. L'intention ne seroit jamais de confondre toutes les fonctions, comme avoit fait Mr. de Valiere sans aucune nécessité; une certaine classe de sujets disposés par gout, chercheroit à épuiser plusieurs genres; ainsi que l'on voit aujourd'hui quelques officiers du Génie parcourir plusieurs branches de leur art, dans lesquelles ils comprennent nécessairement, au moins des notions générales sur les armes de jet. L'Artillerie nous présente l'exemple d'une multitude de connoissances encore plus variées, lesquelles pourtant ne distraient ni ne surchargent les officiers de ce corps ; on en voit plusieurs, en effet, passer alternativement de l'école du canon à celle des sapes ; une partie à celle des mineurs; d'autres se livrer aux atteliers des grands arcenaux ; ceux-là s'attacher à la composition et aux mélanges des métaux dans les fonderies ; quelquesuns même aux constructions des édifices, (pour ceux qu'exige l'Artillerie ;) tandis que d'autres s'attachent aux détails des machines dans les compagnies d'ouvriers. Or, toutes ces parties paroissent étrangeres aux premiers exercices du canon. On voit pourtant les officiers, qui y sont employés, concourir et réussir, chacun dans leur Geure, par la seule attention des choix ; et dans le nombre il s'en trouve toujours qu'on reconnoit capables de saisir les deux extrémités de cette grande chaîne. C'est par l'entremise de ceux-ci que l'on parviendroit à l'unité d'intention dont on a reconnu la nécessaité. Il en seroit de même à plus forte raison dans la grande masse réunie. Observez, que si cet ordre de chose, relatif aux parties de l'Artillerie, étoit encore troublé, je suppose, par l'ambition des petits corps séparés et indépendans, (et il pourroit s'en former autant qu'on vient d'indiquer de parties), le service en souffriroit infailliblement, par une suite de cette espece de *veto* insoluble, de la part des nouveaux corps ; on perdroit donc encore pour ces parties tous les avantages de l'harmonie que nous reclamons pour l'enfemble.

On conviendra bien qu'il est plusieurs sujets (quoique bons dans leur genre) qu'on feroit alterner plus rarement, et le plus souvent même jamais. Avouons d'ailleurs, que le service ordinaire, éclairé par des exercices journaliers, ou au moins par tradition, est toujours assez simple ; ce sont les commissions particulieres qui exigent des choix, et l'on ne voit pas comment ces choix auroient plus de difficulté que n'en présente l'état actuel, où l'on est toujours obligé de choisir.

Nous opposions d'autres objections et nous disions : *que la destination de l'Artillerie étant de détruire et celle du Génie de conserver, il pourroit être utile de maintenir cette rivalité ; attendu que les uns s'attacheroient d'autant plus à l'industrie conservatrice, que les autres s'acharneroient d'avantage aux moyens de destruction.* Ceci devoit paroître un peu subtil, puisque les moyens de consolider, de raffermir et de conserver, ne seront jamais plus surement employés que par ceux là même qui connoîtront toutes les ressources de l'art de détruire et qui les auront pratiquées. Réciproquement, les moyens de détruire doivent dépendre fort souvent de la connoissance du secret des constructions.

On supposoit aussi que *dans la réunion des deux corps, l'arme brillante de l'Artillerie attireroit tous les esprits ; qu'elle absorberoit toutes leurs facultés ; que les soins des constructions seroient négligés ; que la partie active, venant à prédominer, l'esprit de calcul et de combinaison ne manqueroit pas d'en souffrir ;* d'où l'on tiroit la conséquence, *que le Génie d'industrie, qui porte essentiellement à la défense, pourroit s'évanouir.*

II

Il faut observer à cet égard, que l'instruction théorique et pratique devant être conservée, telle qu'elle subsiste aujourd'hui dans les écoles ; devant même être augmentée en certains genres, ceux qui auroient fait preuve de l'esprit de calcul qu'on exige pour y être admis, ne le perdroient jamais : on repond encore que l'arme de l'Artillerie n'attireroit une partie de la jeunesse que pour un tems ; ce qui produiroit un avantage réel. Mais quand même un plus grand nombre préferoit l'arme brillante, il n'y auroit aucun inconvénient à les y fixer ; et ceux-là seroient toujours bien placés, qui seroient déterminés par un goût dominant. Il s'en trouveroit toujours assez d'autres, qui ne feroient que passer dans les régimens, et qui s'attacheroient bientôt à l'élément pour lequel ils seroient nés : car il ne faut pas perdre de vue que nous avons à statuer sur une composition d'élite, pour laquelle l'admission seule, suppose déjà des têtes calculantes.

Ce mouvement, varié du corps réuni, seroit même très-intéressant : chaque individu, toujours éclairé, sans qu'il s'en doutât, par une attention suivie de la part des chefs, seroit dirigé et croiroit prendre de lui-même les fonctions qui lui conviendroient ; et du centre de cette fermentation générale, on en verroit sortir des hommes capables de saisir une instruction très-vaste à la vérité ; mais dont toutes les parties, laissent pourtant appercevoir les liens qui préparent leur union depuis longtems.

Avouons encore que le corps du Génie, par sa constitution actuelle, est trop généralement disposé aux combinaisons abstraites, qui lui font perdre d'autant en esprit d'activité : il est entraîné à ce défaut, parce qu'il est absolument privé de tout moyens d'action : comme il n'a ni mineurs, ni sapeurs, ni aucune troupe à sa disposition; il est toujours réduit aux emprunts, lorsqu'il s'agit de la moindre exécution. Il n'a pas même le privilege de faire des expériences sur la résistance des masses que, par état, il doit préparer contre les efforts destructeurs des bombes et du canon. Le besoin d'agir arrive pourtant; et alors, les officiers du Génie se trouvent dépourvûs; ils sont donc forcés de recourrir aux emprunts et surtout dans l'Artillerie; et l'on doit sentir combien l'Artillerie répugne à prêter des moyens dont elle ne dispose pas.

Telle est la cause d'une singularité remarquable; l'Artillerie, comme on sait, exécute des simulacres de siege dans ses excellentes écoles de pratique; on y fait des tranchées, des sapes, des logemens, etc. Mais les officiers du Génie en sont soigneusement écartés. Le Génie fait aussi de son côté, des écoles de sieges, et il faut bien qu'il y admette spéculativement des dispositions d'Artillerie; on est donc frappé de voir des corps qui peuvent tout, l'un par l'autre, respectivement animés du désir de se passer l'un de l'autre. Voilà peut-être, dans l'ordre des preuves senties, la plus forte que l'on puisse rapporter: on voit ici que chaque corps se réunit involontairement aux fonctions de l'autre *).

---

*) L'opposition secrete de la rivalité étend plus loin ses influences; on a vû dans une défense des dispositions de sorties bien combinées; des attelages préparés devoient enlever l'Artillerie attaquante; des faisceaux de brandons amoncelés, devoient communiquer l'incendie à tous les épaulemens des batteries assiégeantes; des quartiers de-

Il est encore d'autres considérations : remarquez, que souvent il s'agit de plusieurs travaux, qui constituent la tenue dans les grandes forteresses ; lesquels exigent des dépenses plus ou moins considérables ; or, ces travaux pourroient s'exécuter, comme pour service ordinaire, par une troupe à laquelle les officiers du Génie se trouveroient liés : (c'est ainsi que les mouvemens des arcenaux peuvent être exécutée sans frais par les soldats de l'Artillerie) ces travaux, qui soulageroient d'autant, les fonds des fortifications, équivaudroient souvent la dépense de la solde des hommes qui y seroient employés.

Nous voyons plus fréquemment à la guerre, des entreprises nécessaires et quelques fois très-importantes, rester sans exécution, par la seule raison que les officiers du Génie, qui les proposent ; ou à qui on les propose, dépourvûs de bras et de matériaux, sans outils, sans parcs, étant forcé partout de recourir aux emprunts, se rendent par tout importuns. Delà résulte que les officiers du Génie, réduits à une inaction humiliante, repliant les facultés que leur donne une instruction relevée, se lais-

---

voient être surpris ; les gardes des tranchées renversées, les travaux des sapes effacés, etc. Toutes ces commissions étoient distribuées aux différens acteurs qu'elles regardoient. Rien de tout cela ne put réussir, par la seule raison que le redacteur de ces dispositions ne portoit pas l'uniforme des acteurs.

On a vu dans une attaque trop fameuse des acteurs, plus que jamais subdivisés, se livrer à l'anéantissement de leurs propres moyens, pour le seul intérêt de priver leurs rivaux de l'appui qu'ils pourroient en recevoir. On a vu . . .

sent entraîner quelques fois à des combinaisons trop abstraites; et quoique l'occasion d'agir dut être pour eux très-fréquente, elle arrive pourtant rarement; mais elle arrive enfin, et alors il ne faudroit pas s'étonner que des officiers, longtems repoussés à leurs cabinets, eussent perdu quelque chose de ce qui caracterise des hommes d'exécution.

Peut-être pourroit-on reprocher le défaut contraire au corps de l'Artillerie: ce n'est pas que les officiers, qui le composent, ne soient dués de toutes les facultés nécessaires pour projeter des desseins; mais comme ils en ont peu d'occasions, ils sont entraînés, sans s'en appercevoir à l'oubli des conceptions: il est vrai que l'animosité secrète, qui existe de corps à corps, vient reveiller de tems en tems cette négligence; mais il faudroit craindre alors que ces projets ne fussent conçus que d'après le seul motif de contredire des rivaux. Ces considérations méritent d'être développées: remarquez en effet, que les officiers d'Artillerie, par la qualité des moyens de destruction dont ils disposent, ne prennent qu'un médiocre intérêt aux préparations défensives; et certes ils laissent échapper à cet égard la plus intéressante moitié de leurs destination; puisqu'elle tient à l'objet de conservation.

Les officiers du Génie, de leur côté, conservateurs par essence, négligent peut-être les moyens d'attaque; du moins, ils se trouvent en quelque maniere forcés de s'occuper exclusivement des combinaisons défensives; ils le font sourdement et en silence, parce qu'ils sont dépourvus de tous moyens d'action; ils le font par conséquent avec peu de fruit. Les premiers, plus bruiants et plus nombreux, ont du faire prévaloir les opinions sur les progrès de l'attaque ; et delà ce préjugé, démontré absurde, sur ce *que la défense*, a t-on dit, *est restée en arriere de l'attaque*. Elle seroit évidemment en arriere, si les défenseurs par état restoient isolés, et si les corps emparés des moyens d'action repugnoient de les seconder ; on peut croire en effet, que l'attaque seroit tout, et la défense rien, si les moyens prodigués à l'attaque étoient refusés aux préparations de la défense.

Un des grands effets de la réunion de ces corps sera donc de mettre celui de l'Artillerie dans le cas de prendre beaucoup plus de part à la défense ; et en cela cette opération intéresse directement l'état.

La même opération préviendroit d'ailleurs la foule des inconvéniens énnocés ci-dessus ; non seulement elle augmenteroit les facultés de tous, mais elle communiqueroit aux uns ce qu'ils ont de moins, en atténuant dans les autres ce qu'ils peuvent avoir de trop et en faisant circuler des uns aux autres une foule de talens perdus, par la seule raison qu'ils restent isolés dans chaque partie.

Ajoutons que les avantages économiques de cette opération s'étendroient d'une manière sensible, sur les fonctions dont ces corps se trouvent chargés dans les places, en faisant disparoître d'abord un double emploi frappant résultant d'une masse considérable d'officiers employés, en résidence, dont le service se réduit quelquefois à signer chaque année des états de situation du plus petit intérêt ; or les mêmes officiers, chargés de l'une des parties, se détourneroient à peine pour remplir l'autre ;

et remarquez qu'il n'y a que la réunion qui puisse corriger ce faux emploi ; parce que, quelques misérables que soient de pareilles fonctions, encore faut-il quelqu'un pour les remplir, et il y en a beaucoup de cette espece dans les deux corps *).

Il existe dans les places, certaines constructions rélatives aux établissemens de l'Artillerie; il y a 30 ans que le Génie en étoit chargé et il devoit l'être ; puisque ses connoissances et sa pratique dans les constructions le portoient naturellement à cette déstination. Le corps de l'Artillerie a réclamé cette occupation, et c'étoit sans doute pour fournir un aliment qui put sauver l'apparence de l'existence superflue de 150 officiers de résidence; mais ce double emploi, pour être dissimulé, n'est pas moins réel, et il accroit encore celui qui existe déjà d'ailleurs dans le corps du Génie, lequel provient essentiellement de toutes les fonctions qui en ont été distraites.

La réunion de ces corps sauveroit donc, avec ces doubles emplois, tous ceux dont nous présenterons le tableau à la suite de ce mémoire. Il sera nécessaire au

---

*) Ceci répond à l'objection qui a été faite contre la réunion ; la voici: *un particulier*, a-t-on dit, *qui cumuleroit sur le même individu les emplois de valet de chambre, de cocher et de cuisinier, économiseroit sans doute : mais il seroit fort mal servi.* Quoique la comparaison ne soit pas noble, la proposition est incontestable ; mais il est vrai aussi que la multitude des valets est le moyen le plus dispendieux et le plus sûr *d'être fort mal servi.* Il ne s'agit donc que d'éviter ces deux excès ; or si l'opposant qui a imaginé cette défaite avoit lu ce mémoire, il auroit vu que nous ne cumulons rien, et que les fonctions importantes restent constamment distinctes.

surplus d'établir cette union sur des principes particuliers ; car on doit sentir que des opérations aussi souvent séparées et susceptibles de tant de variétés, (quoique tenant toutes à la même chaîne) ne peuvent être abandonnés au hazard des destinations aveugles, dans les mutations ordinaires d'un seul corps. Ce sera donc par les soins des chefs et d'une administration secrète et attentive, que toutes ces *fonctions rapprochées, resteront néanmoins toujours distinctes*. La machine marchera d'après une seule impulsion, et tellement que chaque partie, se trouvant disposée à pouvoir se glorifier des succès des autres, ait toujours un grand intérêt à les seconder.

Mais avant d'entrer dans les détails de cette formation, il est nécessaire de parcourir toutes les branches de l'art dont la convenance, l'économie et l'intérêt du service exigent que l'attribution soit réunie, non pas généralement dans les mains des mêmes acteurs, mais dans celles des ordonnateurs.

Sur les relations des mineurs avec le génie.

Mr. de Vauban jouissoit encore du privilege de faire concourir toutes les opérations des mines avec les dispositions des travaux extérieurs dans les sieges : en sorte que le concert indispensable qu'ils exigent n'étoit jamais troublé. Aujourd'hui les mineurs forment un troisieme corps à part, sans relations quelconques avec le génie, ni même avec l'artillerie qui les retient sans prétexte. Ils sont concentrés au seul objet d'une école perpétuelle, dont il ne reste aucun vestige ; et quatre générations pourroient se passer avant que ce corps distingué trouvât l'occasion de servir une seule fois réellement. Remarquez qu'il est impossible aux officiers de mineurs de concevoir un seul dessein, qui ne soit lié, approprié et par conséquent subordonné aux dispositions fortifiantes ; or, non seulement ils n'en sont jamais chargés, mais ils en sont constamment éloignés ; ils pourroient même les ignorer absolument, sans que l'on fut fondé à leur en faire des reproches ; puisque l'ordonnance même leur interdit la connoissance des plans du Génie.

On ne peut trop s'étonner de cette séparation absolue qui réduit l'instruction des mineurs à bouleverser le terrein homogéne d'un petit poligonne, et à recommencer chaque année sur le même sol, sans s'écarter de l'uniformité des mêmes desseins : tandis que par une destination plus étendue, en réunissant aux fonctions du génie, celles qui n'en sont qu'un accessoire inséparable, on rendroit au corps des mineurs toute l'utilité qu'il doit avoir ; elle s'étendroit aux opérations journalieres des campagnes, en employant des soldats laborieux, intelligens, aux parties des retranchemens des armées qui demandent plus d'art et d'industrie ; car les occasions de miner à la guerre sont quelques fois assez rares. Les mineurs se rendroient surtout utiles pendant la paix, au moyen même de leur école, qui se trouvant transformée en travaux permanens et variés, prépareroient de nouveaux succès dans la défense des principales forteresses.

Nous remarquerons à cette occasion un vice de constitution semblable à celui qu'on a déjà observé, à l'égard de la séparation de l'Artillerie ; c'est que les officiers de mineurs, par une suite des seuls rapports qu'ils ayent avec l'artillerie, semblent n'en avoir retenu que l'esprit trop exclusif de l'attaque ; et ils prennent beaucoup moins d'intérêt aux dispositions défensives ; en sorte que l'art des mineurs n'est guere exercé dans l'école actuelle que dans les rapports offensifs ; et ce sont ceux précisement où cet art a le moins de prise. Il est aisé de juger en effet que les opérations passageres de l'école des mineurs ne peuvent ressembler qu'aux travaux courrans et non consistans que l'on pratique dans l'attaque ; au lieu que pour la défense, les travaux préparés à l'avance, doivent réunir tous les avantages des dispositions combinées et permanentes.

Le corps des Mineurs ne peut donc jouir aujourd'hui que de la plus foible moitié de l'utilité dont il pourroit ête ; resistera-t-il à la voix qui le sollicite de tripler son existence, en associant les facultés dont il dispose à l'important objet de la défense ?

Ce rapprochement seroit d'autant plus intéressant que c'est dans l'art des mineurs que réside essentiellement le grand secret de la défensive attaquante. Favoriser les retours offensifs dans les ouvrages pris ; y revenir sans cesse avec l'avantage du nombre ; attaquer l'attaquant avec des troupes fraiches, et jusqu'alors couvertes et conservées ; réduire l'ennemi à se loger à l'étroit ; le saisir toujours affecté de terreur par l'ébranlement des mines ; inspirer ainsi à ceux qui se défendent toute l'énergie de l'attaque, en liant d'ailleurs la défense au caractere national ; tels sont nos progrès dans ces derniers tems ;

mais ces progrès sont comme non avenus; ils n'existent qu'en spéculation; parce qu'ils dépendent absolument du concours de l'art des mines.

Or ce concours dépend d'un mot; il suffit de prononcer la réunion; deslors, l'un des plus puissants moyens que l'industrie ait placé sous la main des hommes, prendra le caractere d'un intérêt d'état, par son influence directe, sur la résistance des boulevards qui couvrent nos frontieres.

Nous ne nous étendrons pas d'avantage sur les rapports prochains et fréquents de ces fonctions. On en a tant dit sur la nécessité pressante de réunir les mineurs au corps du Génie qu'il seroit à craindre qu'on ne manquat encore cette utile opération, si on la bornoit à cette réunion partielle; car elle a déjà subsisté un moment; mais elle fut si mal adroite; les officiers de mineurs s'y trouverent si fort déplacés et toutes les convénances si mal observées, que chacun tirant à soi, l'artillerie en prit occasion de remettre les mineurs sous sa main, quoiqu'elle n'ait aucuns rapports de service avec eux. Mais la grande incorporation de l'ensemble, couperoit d'abord le noeud d'une difficulté que des ministres même n'ont pas eu la puissance de vaincre.

Sur le service des sapeurs.

Les fonctions de l'artillerie n'ont pas plus de rapports avec les travaux des sapes qu'avec ceux des mineurs; et les sapeurs ne servent à la guerre que sous la direction immédiate des officiers du génie. C'est donc un vice intolérable de constitution de voir cette troupe instituée par ceux qui ne sont point destinés à la conduire dans les opérations de guerre, et qui par conséquent n'ont aucun intérêt prochain ou éloigné à sa composition, à la qualité des sapeurs, à leur instruction, à leur expérience. Il arrive en effet dans un siege que l'officier du génie s'empare des sapeurs ; il les distribue sans les connoître ; il les destine à différentes opérations séparées, qui demandent une fermeté à toute épreuve, ou de l'intelligence, ou une sorte d'adresse en diverses commissions variées et périlleuses, qui exigeroient au moins un certain choix ; c'est le hazard pourtant qui préside à ces destinations. Observez que les sapeurs, que le génie ne connoit pas, ne le connoissent pas davantage, qu'ils n'ont aucune habitude avec lui, et que cette troupe, n'ayant jamais vu ses vrais chefs dans les exercices d'instruction, ne se doutant pas même qu'elle est destinée à ne repondre qu'aux officiers du génie, est exposée à méconnoître leur voix.

Voilà une bizarrerie, dont la discipline militaire ne présente surement aucun exemple ; et il y a précisément un siecle que le génie reclame inutilement contre cette absurdité.

(Voyez la lettre de Mr. de Vauban au Marquis de Louvois de 1688.)

Quoique l'explication de ce phénomene soit difficile, nous devons cependant observer que les ministres ont paru craindre, qu'en favorisant à cet égard, les reclamations du génie, les sapeurs ne perdissent l'esprit militaire par une suite de leur dispersion dans un corps séparé. D'ailleurs, comme l'artillerie avoit annoncé qu'elle pouvoit employer les sapeurs en qualité de canonniers, le prétexte de cette double faculté a fait que l'on a persisté dans ce faux arrangement. Mais ce n'étoit en effet qu'un prétexte, puisque les circonstances, où il est nécessaire d'employer un plus grand nombre de canonniers, sont précisément celles des sieges; et l'on sait assez que pendant le tems des sieges, les sapeurs, occupés des travaux de la sape, ne peuvent plus être comptés pour le service du canon : la force numérique de l'artillerie est effectivement calculée de maniere à pouvoir se passer des sapeurs pendant le tems des sieges; d'où il suit que l'artillerie pourroit à plus forte raison s'en passer dans les autres opérations de la guerre.

Quoiqu'il en soit de cette prétention, la séparation du génie et des sapeurs ne pourroit se tolérer. Voilà donc encore un nouveau motif qui sollicite puissamment la grande réunion; puisqu'elle retabliroit naturellement la destination des sapeurs, en les conservant canonniers, et avec de nouveaux avantages fondés sur le triple objet auquel on pourra appliquer les sapeurs dans le service journalier de l'État-major des armées; car les batailles heureusement, ne sont pas de tous les jours; et d'ailleurs on ne fait pas toujours des sieges; les travaux des sapes, suivant diverses circonstances, pourroient donc être assez rares; et nous serons fideles à ce grand principe d'économie, qui nous commande de rendre les hommes propres à plusieurs mains.

Sur les fonctions des Maréchaux-des-logis de l'armée.

Les officiers de l'État-major n'avoient dans le principe qu'une existence précaire et moins à charge ; quoique c'ait été de tout tems une porte ouverte à la faveur, aux promotions illimitées, aux graces arbitraires et sans mesures. On fournissoit à ce service par des officiers tirés momentanément de différens corps : c'est ainsi qu'on a passé les plus belles époques militaires de la France ; il faut pourtant convenir qu'une composition aussi mobile ne comportoit aucune instruction transmise ; mais il existoit au moins dans le génie, une sorte de dépôts de connoissances, au moyen des bases topographiques dont il étoit chargé. Aujourd'hui, et tout récemment, on a créé un corps permanent d'État-major, il est composé de quelques aides de camp, qui ont pu acquérir des connoissances ; d'un plus grand nombre de sujets portés par la faveur ; de plusieurs *extraits* de l'artillerie et du génie, ou qui n'ont pu satisfaire aux examens qu'on exige dans ces corps. L'instruction pourroit donc s'y transmettre avec le tems ; mais le double emploi que forme cette nouvelle création avec les corps de l'Artillerie et du Génie, n'en seroit que plus sensible, puisque ceux-ci, existant nécessairement à d'autres égards, il n'en coute rien de plus de les faire exister encore pour un genre de service qui n'est qu'une émanation très-simple des connoissances et des arts qu'ils sont dans le cas d'appliquer habituellement.

Vous remarquerez en effet, qu'il existe des liaisons

intimes entre les dispositions de la défense des places et celles des positions auxquelles elles ont rapport, par l'entremise des camps retranchés, ou par celles des circonstances locales qui peuvent en tenir lieu.

C'est peut-être l'un des progrès reservés à cette époque, d'avoir considéré les forteresses comme des *réduits de position*; d'avoir reconnu que l'art de s'approprier les accidents locaux, pour renforcer une position, étoit précisément le même que celui que l'on déploye, pour fortifier un simple poste, et qu'ainsi, le talent de démêler une position forte de nature, à travers les localités compliquées, ne diffère pas de celui de mettre en oeuvre toutes les ressources de l'art pour suppléer au défaut des obstacles naturels. Or toutes ces vues sont intimément liées aux exercices ordinaires du génie; car en toutes ces dispositions, il ne s'agit toujours que d'obtenir des flancs, de compasser des feux de revers, d'attirer l'ennemi par la fausse apparence de l'ouverture des rentrans, ou de le ramener sur des saillans, où l'on a préparé de plus grandes forces, etc.

Les dispositions du service de l'État-major sont rélatives aussi aux combinaisons de l'artillerie; puisqu'il faut proportionner toutes les mesures de l'art des retranchemens et des positions, au nombre, à la qualité et à la véritable portée des armes. Observez d'ailleurs, que tous les outils, engins et machine nécessaires, pour jetter des ponts volans et ouvrir toute espece de passage, sont entre les mains des hommes d'art, dont l'artillerie abonde; et la nature, le genre, les propriétés et la possibilité de ces communications, sont les premiers élémens des combinaisons de l'Etat-major.

Le grand Frédéric a senti ces liaisons, et il ne lui est pas venu dans la pensée de séparer le talent des maréchaux-de-logis, de celui de retrancher les armées ou d'y suppléer par un heureux choix des obstacles de la nature. Il est remarquable qu'il ne fut conduit à apprécier ainsi l'art de la fortification, que par l'expérience des campagnes. Voici comment il s'explique en parlant de lui-même en troisieme personne : *l'armée avoit fait bien des campagnes ; mais souvent le quartier général avoit manqué de bons maréchaux-des-logis. Le Roi voulut former ce corps, et choisit pour cela des officiers qui avoient déjà* QUELQUE TEINTURE DU GÉNIE*, pour les dresser lui-même : dans cette vue, on leur fit lever des terreins, marquer des camps, fortifier des villages, retrancher des hauteurs, élever ce qu'on appelle des palanques ;* (ce sont des especes de grandes rédoutes, ou points de force, distribués dans l'étendue des fronts occupés), *diriger des colones de marche, et surtout on les styla à sonder eux-mêmes les marais et tous les ruisseaux, pour ne pas se méprendre par négligence et donner à une armée pour appui une riviere guéable, ou bien un marais, par lequel l'infantérie put marcher sans se mouiller la cheville du pied, etc.*

On jugera d'après cela que si le roi de Prusse avoit eu un corps du Génie constitué, il auroit été au moins dispensé de la peine de le former ; formation pénible d'ailleurs, et qui pendant la crise des campagnes ne pouvoit être que très-imparfaite.

Observez que les généraux doivent se reserver la plupart de ces dispositions ; ils proposent des données sur tous ces objets; ils en distribuent les commissions; mais il leur appartient d'en assortir l'ensemble. C'est donc dans le talent particulier des reconnoissances que consiste essentiellement l'utilité des officiers de l'État-major. Or, d'après la situation actuelle d'un corps inconstitué, les officiers qui le composent, ne sont ni ne peuvent être exercés à la topographie, et ce n'est pourtant que par elle que l'on parvient à l'art des reconnoissances combinées : ce n'est aussi que par le même exercice qu'on peut acquérir du coup d'œil et ajouter à cet égard, à ce qui n'est ordinairement qu'un don de la nature.

Mais il est nécessaire de lier nos observations sur l'État-major avec celles qui resultent de l'existence d'un corps de Géographes militaires.

Suite de l'article précédent relativement aux Ingénieurs Géographes.

Cet article fait partie de celui qui précede, par la raison que le double emploi d'un corps d'État-major est d'autant plus sensible, qu'il en entraîne un autre, par la création d'un corps d'ingénieurs géographes militaires: et il le falloit bien, puisque les officiers de l'État-major, n'étant point exercés à l'art de la topographie, ont du chercher des sécours en ce genre, dans une campagnie d'artistes, qu'ils ont eu grand soin de retenir dans un ordre très-subalterne: n'importe; ils ont des grades; ils tendent aussi à l'accroissement; et comme ils sont en possession (exclusivement à l'État-major) du talent des reconnoissances, qui forme la premiere base des fonctions

des

des maréchaux-des-logis, ils seroient fondés à établir des prétentions; mais on avoit des raisons d'amortir ce talent topographique sous les doits méchaniques des géographes, bornés à ce seul objet. Il suit delà que l'existence superflue d'un corps d'État-major doit paroître d'autant plus à charge, que ne pouvant fournir au principal objet pour lequel il existe, il a besoin d'un second corps, auquel il abandonne ce qu'il appelle: *la partie méchanique*, et semble ne s'être reservé que les hautes spéculations de l'art de la guerre. Distinction ridicule, source de charlatanisme, de prétentions, et qui tendroit même à un plus grand mal; celui de placer un corps de précepteurs à côté des généraux.

Plus d'inconvéniens à cet égard, dès que les généraux pourront choisir amoviblement cette classe de confiance dans un corps nombreux, et dont les individus réunissent au don des combinaisons, tous les talens de l'artiste: car on ne peut trop répéter que ce méchanisme de la topographie n'est qu'un jeu pour les officiers du génie *); et quoique les officiers de l'État-major affectent de mépriser ces travaux pénibles, ils tiennent cependant essentiellement au fond des choses.

Jamais en effet on ne projete sur un terrein avec autant de dextérité qu'alors qu'on y a opéré soi-même; on risqueroit même de s'égarer dans une localité de quelqu'étendue, si l'on dédaignoit le talent de ces manipulations et procédés géométriques, qui en développent l'étendue avec tant d'aisance.

---

*) Voyez le tableau général des frontieres orientales du Royaume, dont une brigade du génie a enrichi le dépôt de la guerre; travail immense, exécuté avec autant de rapidité que d'économie, et accompagné de vues qui ne peuvent sortir que d'un corps constitué.

Remarquez encore, que le ridicule de l'esprit de prétention n'approche jamais des hommes occupés réellement, et que ce sont les faveurs multipliées, repandues sur ces classes irrégulieres, qui ont le plus contribué à jetter un dégoût mortel parmi ceux qui soutiennent tout le poids du service; et ceci regarde généralement tous les emplois actifs de l'armée.

Un autre inconvénient d'un corps *ad hoc* d'État-major, provient de ce que ne pouvant être assez nombreux, non plus que celui des géographes, les sujets qui les composent ne peuvent plus se succéder par la gradation de l'âge; ils vieillissent, et alors ils ne sont plus en état de soutenir les fatigues extrêmes d'un métier qui exige encore plus d'activité que de calculs.

Il est aisé de sentir qu'au lieu de partager des fonctions indivisibles de leur nature, entre deux créations compliquées et dispendieuses, les officiers de l'artillerie et du génie, dont on propose l'union, étant en même tems artistes et capables de combinaisons, rempliroient ce service d'une maniere directe, et par conséquent supérieure, et sans autre dépense qu'un léger supplément de traitement, lorsqu'ils seroient employés à des commissions dispendieuses. Comme ils rouleroient d'ailleurs avec leur corps, pour l'avancement, ils seroient satisfaits des distinctions qui y seroient attachées; en sorte que l'une des grandes sources des promotions illimitées se trouveroit tarie; et l'on obtiendroit par là un plus grand bien : celui de mettre un terme aux progrès effrayans du dégoût; car tout est comparaison, et je pose en fait, qu'il n'y auroit point de mécontens dans l'armée, sans l'aspect rébutant des prodigalités répandues sur les corps privilegiés. L'indignation, qu'elles excitent, est si généralement fondée, qu'elle devient quelques fois injuste, à l'égard de quelques militaires distingués, qui, dans la carrière de l'État-major, se trouvent confondus avec cette foule de prétendans, qui obtiennent tout sans avoir rien mérité. Remarquez, que ces inconvéniens proviennent inévitablement de l'irrégularité d'un corps inconstitué et qui de sa nature est inconstituable ; d'autant qu'il n'est pas possible de forcer le choix des Généraux dans un corps peu nombreux, composés de protégés qui ne sont pas les leurs. Ce choix deviendra libre au contraire, lorsqu'il pourra s'étendre sur une pépinière nombreuse, existante à d'autres égards d'une utilité plus marquée, et assujettie d'ailleurs aux formes d'un avancement régulier.

En conséquence, lorsqu'il seroit question de mettre une armée en campagne, on destineroit une brigade pour le service de l'État-major ; elle seroit composée amoviblement et glanée sur la masse du corps réuni ; comme elle seroit alternée et plus ou moins nombreuse, suivant le besoin et la nature des commissions à remplir, elle ne vieilliroit jamais ; elle seroit toujours en proportion de son objet, et auroit souvent d'ailleurs, des objets doubles et triples. La composition mobile de cette brigade seroit, comme de raison, au choix du Général de l'armée, ou du maréchal-général-des-logis, et aux ordres immédiats de celui-ci.

L'instruction transmise dans un corps nombreux, où l'on réunit aux combinaisons, la pratique de tous les arts, promettroit de nouveaux progrès, dans un genre de service, dont toutes les ressources ne sont pas connues. Enfin les sujets destinés à ces brigades, composées de l'élite active d'un corps déjà d'élite, enrichiroient les produits méchaniques des cartes et des reconnoissances, de tous les calculs accessoires qui en décident l'importance.

L'exécution de cette partie de ce projet ne présente aucune difficulté ; comme l'institution est prête, il suffiroit de prononcer le mot *attribution ;* et dès ce moment, toute complication cessante, l'état des dépenses militaires, se trouveroit soulagé. Mais il faut que l'attribution soit entiere ; car, tant qu'il resteroit des vestiges du partage actuel, on en prendroit bientôt occasion de renouveller des corporations, que l'intérêt particulier invite sans cesse à agrandir et à multiplier ; et il s'agit aujourd'hui d'en extirper les germes pour en sauver les dépenses et les contradictions.

Suite de l'article précédent sur les rélations de l'État-major avec les troupes.

On a dit que les officiers du génie étoient trop éloignés des troupes : si cela étoit, il ne dépendroit que de la volonté des ministres et des généraux de les en rapprocher. Mais il est vrai au moins, qu'étant tous portés et distribués sur les frontieres du Royaume, les officiers du génie sont plus près des troupes, que ne peuvent être ceux dont la composition errante dépend tellement de la faveur passagere, qu'on n'a pu parvenir encore à les fixer par aucune ordonnance; beaucoup plus près encore, que ceux d'une école anti-militaire formée vers le foyer de l'intrigue. Il existe donc en France, des corps qui s'accroissent arbitrairement, et sans ordonnances; c'est-à dire, à l'insçu du Roi ! il fut un tems en effet, où les protecteurs avoient besoin de ces magazins à centres vuides, qui pussent recevoir indéfiniment, autant de protegés qu'il s'en présenteroit. Ces abus sont trop sensibles pour insister d'avantage sur la nécessité d'une attribution qui les sauveroit tous.

Les officiers du corps réuni seroient attachés généralement aux divisions de l'armée; mais lorsqu'il s'agiroit de quelques manoeuvres ou opérations quelconques, les généraux divisionaires, les rapprocheroient plus particulierement, en choisissant des sujets, sur le nombre de ceux qui leurs seroient désignés par les chefs, pour en composer des brigades proportionnées aux circonstances de guerre, ou aux simulacres d'instruction dont on auroit l'intention de s'occuper. C'est dans ces occasions d'actions réelles ou simulées que les troupes animées par le nombre dans les rassemblemens, ou seulement dans les grandes garnisons, apprendroient avec intérêt les rapports qu'elles doivent avoir avec les armes de l'artillerie, au bruit et aux manoeuvres desquelles on ne peut trop les familiariser; c'est dans ces mêmes occasions qu'on leur feroit connoître toute la valeur des travaux conservateurs; les tranchées, les sapes, les contre-approches, les descentes de fossés, le parti à tirer des entonnoirs des mines; tous les moyens de se retrancher par postes ou par masses générales, dans les positions étendues.

L'infanterie seroit exercée à l'ouverture des marches, aux manoeuvres des castramétations rapides dans les changemens de position; elle connoîtroit les moyens de renforcer en moins de deux heures des positions ouvertes; elle apprendroit à se séparer de l'ennemi par des abattis, par des levées, par des innondations, ou par l'art des irrigations acqueuses répandues superficiellement. Une revolution favorable pourroit naître dans les idées, en apprenant que la plupart de ces moyens n'ont été jusques à-présent ni pratiqués ni même connus, ou du moins avec une imperfection, une lenteur et un esprit de contradiction qui en a fait négliger les avantages.

Mais après ces manoeuvres, les divisions de l'artillerie-génie, se rapprochant du foyer de leur institution, reviendroient à leurs exercices particuliers et à leurs fonctions ordinaires; car il est certain, que, hors le tems des grandes manoeuvres, l'instruction en chaque genre, ne peut être qu'élémentaire, et pour ainsi dire, individuelle.

Ces retours auroient d'ailleurs un grand intérêt, par rapport à la tenue des forteresses, aux mouvemens des arcenaux, et aux soins qu'exigent les grandes constructions de l'artillerie et du génie, dont les rapports conservateurs méritent toute l'attention du gouvernement.

De cette maniere, les rélations de l'infanterie avec l'artillerie-génie se prolongeroient à tel degré de proximité qu'on le jugeroit convénable; non seulement l'instruction seroit conservée, mais elle se répandroit de proche en proche, sans que l'on eut risqué d'en altérer les principes par l'effet de ces compositions séparées, rivales, foibles, et dispersées, ou qui n'ont de force que pour se nuire.

Sur divers doubles emplois resultans du défaut de relation entre le département de la guerre et celui de la marine.

Une idée féconde en économies du premier ordre doit naître de l'unité d'intention qu'on peut espérer désormais dans les dispositions du gouvernement. On peut établir telles relations entre le département de la guerre et celui de la marine, qui tendroient du moins à affoiblir le sens de ces expressions trop usitées : *de roi de la terre, roi de la mer* etc. on a vu en effet trop fréquemment, que ces départemens, pénétrés de cet égoïsme administrateur, ont sacrifié les intérêts de l'état aux plus étroites considérations : ils ont cherché à se soustraire à la dépendance, qu'ils croyoient appercevoir dans l'obligation de se prêter réciproquement les moyens dont ils disposent; et cela les a entraîné à de continuels accroissemens. Le département de la guerre s'accroit, sous prétexte des prêts qu'il est obligé de faire à la marine; et celui de la marine s'accroit aussi, de son côté, pour se dispenser autant qu'il peut, d'en venir à ces emprunts.

Quelques ministres de la mer ont voulu avoir une armée dans leur dépendance ; ils ont créé des troupes de colonies ; ils ont été flattés du crédit fugitif de nommer à des régimens ; d'autres ont voulu jouir en propriété, d'une artillerie coloniale, et l'artillerie d'Europe, qui fournissoit auparavant, par emprunt, au service accidentel des colonies, n'en est restée ni moins nombreuse, ni moins dispendieuse. D'autres ministres de la mer ont essayé de créer aussi des corps d'Ingénieurs de colonie, des États-majors de colonie, des Géographes de colonie etc. il pourroit arriver de toutes ces créations (et cela s'est déjà vérifié en partie) que si la paix regnoit sur le continent, le Roi se trouveroit y entretenir une armée dans l'inaction, tandis qu'il en entretiendroit une autre en activité, pour une guerre d'outre mer: le même double emploi peut arriver réciproquement. Il faut convenir que de tels prétextes aux dépenses exorbitantes n'appartiennent qu'à la France ; et l'on voit que loin de profiter à la masse des forces publiques, elle en est au contraire sensiblement altérée. Il est vrai que tous les excès en ce genre ne sont pas encore à leur comble; mais on y tend insensiblement et de toutes parts; puisqu'il existe déjà par le fait, des régimens de colonie, une artillerie de colonie, des ingénieurs de toutes les couleurs pour les colonies, etc.

Observez d'ailleurs que toutes ces existences coloniales ne valent rien ; elles sont incessamment corrompues par l'avidité que provoque sans doute un climat dévorant, et par toutes les causes réunies de relachement: que peut-on attendre particulièrement des ingénieurs de colonies? ce sont des dessinateurs vagabonds, sans fermeté, sans notions militaires, sans principes et sans honneur. Il est vrai qu'ils se prêtent, de concert avec des sous-ordres, à toutes les complaisances qu'exigent certains administrateurs des colonies; mais au grand détriment du service et des finances de l'état. Voilà ce qui a attiré tant d'ennemis aux officiers du corps du Génie, lorsqu'ils ont voulu porter le régime de France dans les colonies.

Enfin, si l'administration parvenoit à l'unité d'intention à laquelle elle paroît tendre, le moment seroit arrivé de renoncer à ces erreurs : on penseroit sans doute, que c'est au département de la guerre, qu'il appartient de former et de constituer une armée, avec tous les accessoires qui doivent l'accompagner; et que cette armée doit fournir indistinctement à tous les besoins de l'état. On sentiroit que le département de la marine ne doit être chargé à cet égard, que des dépenses extraordinaires et des traitemens qu'il est nécessaire d'affecter aux troupes employées outre mer. On jugeroit enfin que les dépenses de l'entretien ordinaire, (dont le département de la marine se trouveroit soulagé par cet arrangement) devroient rentrer, partie dans les coffres du Roi, et l'autre, à la disposition du département de la guerre, pour être employées à corroborer toutes les parties d'une grande armée, toujours prête pour les différens continens.

De ces vues générales, nous n'en tirerons ici que des conséquences partielles, savoir :

1°. Qu'un régiment d'artillerie coloniale est un double emploi manifeste, et que l'artillerie de France, dans la situation actuelle de sa force numérique, est en état de fournir au service des colonies, d'une manière très-supérieure, ainsi qu'elle l'a toujours fait; d'autant que les détachemens, alternans et se réunissant à la masse du corps, après la guerre, on éviteroit tous les inconvéniens de corruption et même de destruction inséparables de l'esprit colonial.

2°. Les ingénieurs de colonie seroient supprimés, pour ne plus se reproduire sous aucun titre : les officiers, détachés du grand corps, rempliroient ce service, mieux encore qu'ils n'ont fait jusqu'à présent; puisqu'ils auroient avec eux plusieurs moyens d'action dont ils manquent dans leur constitution actuelle.

3°. Les officiers employés pour le soit-disant État-major des colonies seroient également supprimés; et leurs fonctions, lorsqu'elles auroient quelque chose de réel, seroient remplies par les officiers détachés du corps royal de l'Artillerie et du Génie.

4°. Les ingénieurs géographes des colonies demeureroient à plus forte raison supprimés.

5°. Une conséquence résultante des principes posés ci-dessus, détermineroit encore la suppression d'un nouveau corps d'ingénieurs pour les travaux des ports de France; les opérations dont ils sont actuellement chargés étoient ci-devant entre les mains du Génie; et cela devroit être ainsi, puisqu'elles sont intimément liées aux dispositions défensives des places maritimes. Les fonds destinés à ces travaux de mer, ne laisseroient pas néanmoins, d'être toujours à la disposition du ministre de la marine, et les officiers du nouveau corps qui se trouveroient détachés dans ces places, lui seroient à cet égard entièrement subordonnés; il n'y auroit point là de nouveauté; et l'expérience est faite, qui démontre la supériorité et l'économie du régime que l'on propose à cet égard.

6°. Il existe encore une autre classe d'ingénieurs du département des affaires étrangères, pour fournir les bases planimétrales qui doivent régler les projets d'échange et de délimitation, qui, de tems à autre, peuvent avoir lieu avec les puissances voisines. Combien de doubles emplois pour le service du même Roi! celui-ci n'est pas difficile à sentir, d'autant qu'il entraine encore des commissaires du Roi, entretenus à grands frais, et qui ayant intérêt à éterniser leurs commissions, ne manquent pas de faire naître une multitude de petits incidens, par lesquels ils parviennent à se rendre longtems nécessaires. On juge aisément que les officiers du corps réuni, étant sous les yeux de leurs chefs et de leurs confreres, ne manquant pas d'alimens d'ailleurs, abrégeroient ces commissions. Ceci nous conduit à faire observer que non seulement le dépôt de la guerre devroit être ouvert au ministre des affaires étrangeres; mais que tous les mémoires, les plans et les cartes des différens dépôts, devroient être communs entre tous les départemens.

7°. Enfin les ingénieurs de la finance sont parvenus à s'immiscer dans les travaux de plusieurs places maritimes, pour différentes parties qui semblent n'intéresser que le commerce; mais qui néanmoins sont toujours liées aux dispositions militaires: il est résulté de l'intervention de cette classe, des conflis pernicieux, des dispositions bisarres, des travaux élevés, rasés, recommencés, et par conséquent des dépenses énormes; augmentées sans doute encore par un accroissement dans le corps des ponts et chaussées, à raison des invasions de ce corps sur les parties militaires des frontieres. Il paroît essentiel de rétablir l'unité de dessein en toutes ces dispositions; en conséquence, les officiers du corps royal de l'Artillerie et du Génie (soutenant l'économie connue de leur ancien régime) seroient exclusivement chargés de tous ces travaux : nous ne parlons que des parties mixtes, qui auroient le double objet civil et militaire; le ministre des finances continueroit d'en faire les fonds, et les officiers du nouveau corps lui en rendroient compte sans aucun inconvénient, ainsi que la chose s'est pratiquée en plusieurs circonstances.

Récapitulation de tous les corps, dont il est fait mention dans ce mémoire, et du nombre de leurs officiers ou employés.

                                                      Officiers.

		Officiers
L'Artillerie, 1er corps.	Les inspecteurs	10.
	Les commandans d'école . . .	8.
	Les sept régimens	714.
	Les officiers de résidence . . .	157.
	Les ouvriers	36.
	Les éleves	50.
2e corps.	Les sapeurs séparés du génie, dont le nombre est compris ci-dessus.	
3e ——	Le génie compris les éleves . . .	390.
4e ——	Le corps des mineurs	33.
5e ——	L'artillerie coloniale . . . . . plus, environ 900 soldats canonniers	90.
6e ——	Les ingenieurs et géographes des colonies	15.
7e ——	L'état-major de l'armée	60. *)
		1563.

*) Ce nombre s'est accru depuis un an: ce corps est, dit-on, au-

	De l'autre part	1563.
8ᵉ corps.	Les ingénieurs géographes militaires	22.
9ᵉ ——	Les ingénieurs de la marine pour les ports de France	24.
10ᵉ ——	Augmentation superflue dans le corps des ingénieurs des ponts et chaussées, pour les ports où ils se sont introduits	15.
11ᵉ ——	Les ingénieurs du département des affaires étrangeres	20.
12ᵉ ——	Superfétation dans le nombre des ingénieurs des villes et du domaine, chargés en quelques endroits des travaux de l'extraordinaire des guerres	10.
	Total ——	1654.

On voit que cet état produit une masse de 1654 officiers, subdivisés en douze parties ou parcelles indépendantes et qui se contredisent autant qu'elles peuvent. Or, on fera connoître par les détails qui accompagneront le plan de formation ci-après, qu'avec un seul corps réunissant ses propres élémens, composé de 1100 officiers, on rempliroit toutes ces fonctions avec une

---

jourd'hui à plus de 80, et l'on peut prévoir qu'il seroit bientôt au double, ou davantage ; mais ce qui en démontre l'abus, c'est que ces augmentations se font arbitrairement et sans que le Roi en soit instruit ; du moins on auroit lieu de le croire, puisque ces accroissemens s'exécutent sans ordonnance ; il n'existe pas même encore une ordonnance qui reconnoisse un État-major.

très-grande supériorité, et une économie qui s'éleve à 1,234,000 Liv. sans y comprendre ce que l'on pourroit économiser en tems de paix, sur ceux des soldats canoniers dont on n'exige que de la force; car on retrouveroit ceux-ci, au premier signal de guerre. Sans y comprendre encore des économies beaucoup plus considérables dont on donnera un apperçu à la suite de ce mémoire. Commençons par l'évaluation précise des économies de la nouvelle formation : il convient toute fois, avant d'en présenter les détails, de ne pas négliger des objections qui pourroient s'accréditer faute d'explications.

Reponse à quelques objections.

1°. Des généraux du premier ordre, approuvant nos raisonnemens, n'ont cependant point paru disposé à en admettre les conséquences; ils ont bien reconnu les désordres qui résultent de tant de partages; mais avec le sentiment de leur force pour y rémedier; indifférens d'ailleurs sur les résultats économiques, ils ont dit: *que toutes ces rivalités les inquiétoient peu et qu'il leur seroit toujours facile de rapprocher et de faire engréner tous ces rouages séparés, pour les faire mouvoir et concourir à l'accomplissement de leurs opérations.* Il est certain qu'en supposant dans les généraux une supériorité de connoissance dans tous les détails de ces parties, ils pourront, jusques à certain point, en faire disparoître la discordance. Mais cette supériorité peut ne pas se rencontrer toujours; et du moins il n'y auroit aucune espece d'inconvénient, (vis-à-vis même des plus habiles généraux,) à remettre entre leurs mains, une machine montée et toute accordée; car enfin, c'est toujours leur éviter un travail très-pénible, puisqu'ils sont obligés de se tenir continuellement en garde contre des corps, dont la rivalité se déploye quelques fois, avec tant d'adresse, que la vérité risque souvent de s'échapper; **on en voit tous les jours des exemples** *).

2°. Il paroît d'ailleurs qu'on n'a pu s'empêcher d'applaudir à l'ensemble d'un plan aussi simple qu'économique; mais en objectant cependant encore, *que qui trop embrasse mal étreint ordinairement, et qu'on auroit à craindre que les individus d'un seul corps, cherchant à se livrer, en même tems, à toutes ces branches de l'art, ne restassent en arriere des détails qui dans chaque partie, exigent l'emploi de toutes leurs facultés.*

On conçoit que des hommes d'un esprit étendu, donneront à cette objection plus d'attention qu'elle n'en mérite, par cette raison là même, qui présumant des autres, d'après l'essor dont ils se sentent capables, ils pourront appercevoir dans la grande réunion, ou un corps de savans, à toutes prétentions, ou un corps de Docteurs à demie connoissances; deux manieres d'être, également préjudiciables au véritable esprit

---

*) L'artillerie a montré beaucoup de zéle dans ces derniers tems, à faire valoir dans ses écoles toutes les ressources de l'art incendiaire; cela paroît fort simple. Mais on a demandé, pourquoi le génie, qui a proposé de mettre de grands appareils de charpente, en état de résister aux boulets rouges, n'avoit pas encore eu le crédit d'obtenir que les expériences en fussent exécutées? . . . Il existe une puissance qui s'oppose secrètement aux progrès des moyens conservateurs.

militaire. Cette objection est précisement applicable à tous les corps dont la subdivision arrête l'occupation. Observez en effet, que l'esprit de prétention approche rarement des hommes occupés ; c'est de l'inapplication que s'élevent ordinairement les vapeurs de la vanité. D'ailleurs, il ne s'agit nullement de cumuler des fonctions qui dans les parties essentielles resteroient constamment distinctes : ce n'est donc pas ici, l'individu qui s'affoibliroit en embrassant plusieurs genres ; chaque détailleur au contraire, seroit lui-même embrassé et secondé par toutes les parties correspondantes à celle dont l'exécution l'intéresseroit pour le moment.

Remarquez aussi que les fonctions de ces corps, quoique rétrécies à l'excès, par la rivalité de l'état actuel, exigent cependant à-peu-près la réunion de toutes ces connoissances ; mais cette réunion, lorsqu'elle se rencontre, devient absolument inutile : il faut par exemple, qu'un bon fortificateur soit homme de guerre ; il ne réussiroit point dans le grand art des dispositions, s'il n'étoit supérieurement exercé aux reconnoissances militaires ; il est nécessaire d'ailleurs, qu'il connoisse au moins les rapports généraux de l'art de l'artillerie ; il lui est indispensable de pénétrer dans toutes les parties qui composent le métier de mineur ; il faut surtout, qu'il soit excellent constructeur ; il faut même qu'il porte à la guerre et jusques sous le feu de l'ennemi, toutes les ressources de l'industrie, qui ne peuvent s'acquérir que par un grand usage de constructions ; il ne peut se dispenser par conséquent, de faire une étude particuliere de tous les arts qui doivent le conduire à la perfection, en un genre, qui outre sa propre fécondité, présente une multitude de variétés. Il en est de même de toutes les parties qui composent le faisceau immense des connoissances de l'artillerie ; or, vous voyez, que malgré cette vaste étendue, le plus grand nombre des individus s'écarte rarement d'un genre adopté ; il faut s'en rapporter à cet égard à la paresse générale des esprits, qui, ayant enfilé une route, répugnent communément à s'en ouvrir une autre. Cette disposition naturelle ne sera donc point altérée par la nouvelle constitution ; puisqu'elle classera, par le fait, ceux qui voudront se restraindre ; mais cela n'empêchera pas cependant, que dans ce nombre, il ne s'en trouve à-peu-près huit ou dix par cent, qu'on reconnoîtra capables de vues générales, et il n'en faut réellement pas d'avantage ; ce seroit même une espece d'inconvénient qu'il s'en trouvat un plus grand nombre ; on doit sentir d'ailleurs, combien il est désavantageux pour le service, que le petit nombre de ceux qui sont parvenus à réunir tous les anneaux de cette grande chaîne, ne puissent en faire aucun usage et qu'ils soient forcés de rester témoins passifs de la discordance de tant de parties ordonnées à part, et d'après des vues contradictoires.

Voilà précisément le véritable et principal avantage de la grande réunion : elle classera naturellement le grand nombre des individus, qui, quoiqu'instruits, s'éleve plus rarement aux vues générales ; mais en même tems elle donnera un grand essor en fournissant au petit nombre, l'occasion de déployer une foule de talens perdus par une suite nécessaire de la subdivision de toutes ces fonctions.

3°. On nous a objecté, à l'égard du service de l'État-major de l'armée, que la plupart des généraux auroient toujours le désir de tirer de la ligne quelques officiers de leurs parents ou de leurs amis, pour les associer à leur confiance, ou seulement pour leur procurer des occasions d'avancement. Je n'ai rien à repondre à cette difficulté; si ce n'est que dans le cas où le parti seroit pris de laisser subsister ces abus, on pourroit du moins les rendre peu sensibles, en ne permettant ces dispositions que passagerement sous un autre titre. Peut-être pourroit on saisir cette occasion pour donner plus de consistance aux aides de camp, en relevant leurs fonctions décréditées. On pourroit suivre à cet égard, telles dispositions, qui se concilieroient parfaitement avec notre plan; dès que le service habituel de l'État-major, proprement dit, seroit distribué régulierement à des brigades choisies sur la masse d'un corps constitué dans tous les rapports de l'industrie militaire.

Ce qu'il est essentiel d'éviter, c'est un corps d'État-major *ad hoc* et permanent, qui ne pouvant jamais être assez nombreux, assujetiroit les généraux à s'en servir, sans avoir eu la liberté de les choisir, quelqu'en fut d'ailleurs l'instruction et la composition. Les généraux eux-mêmes ne paroissent pas avoir apperçu les conséquences de la création d'une compagnie d'adjudans ministériels.

On dit que pour esquiver ces raisons, les partisans d'un nouvel État-major demandent à augmenter et à constituer ce corps, et proposent pour cela, de le composer de sujets tirés de l'artillerie et du génie... Si les officiers, que l'on peut distinguer dans ces corps, ne consultoient que leur intérêt particulier, ils auroient lieu d'être très-satisfaits de cette proposition; puisqu'elle les feroit sortir des entraves d'un cheminement long et pénible, pour les faire participer aux fortunes prématurées de l'État-major; mais nous nous mettons ici à la place d'un ministre citoyen; il s'agit d'extirper des abus, qui portent à l'excès les dépenses du gouvernement; que faudroit-il donc penser de ceux qui, consultés pour y mettre un terme, en prendroient occasion de les accroître pour leur propre avantage?

Ce projet de recruter dans le corps du Génie, pour consolider un État-major évidemment superflu, ne feroit qu'affoiblir encore le Génie, dans le seul objet de renforcer ceux qui ne cherchent à l'appauvrir que pour dévorer plus aisément toutes les faveurs de l'armée. On pourroit compter alors que le dégoût des restans seroit au comble.

Les intéressés objecteroient peut-être *que ce ne seroit pas là un très-grand mal, et qu'il est égal pour l'état, que tel service se fasse par un corps ou par un autre...* Pardonnez moi, l'inconvénient est sensible; par la raison d'abord que les uns sont institués, et que les autres ne le sont pas; l'admission dans l'État-major n'exige aucune espece de préparation ni d'examen; c'est une affaire de hazard de situation; et l'on peut juger dèslors de la supériorité que porteroit dans ce genre de service, l'élite distinguée de deux corps réunis, à l'entrée desquels la faveur s'est arrêtée. Nous observons en second lieu, que l'avancement modéré des corps reguliers ne blesse personne ; au lieu que les prodigalités repandues sur les classes superflues, sont les seules causes du dégoût général de l'armée. Enfin, en quelqu'état que put parvenir un nouveau corps d'État-major, les officiers qui le composeroient voudroient toujours que l'artillerie et le génie subsistassent, pour les travaux des sieges que personne ne leur envie. La chaîne des doubles emplois continueroit donc de se prolonger et par conséquent de s'affoiblir. Remarquons encore que quand même les attaques et les défenses de places deviendroient aussi communes que l'exige peut-être l'intérêt général de la guerre, les occasions n'en seroient point encore assez fréquentes pour justifier une composition aussi nombreuse ; voila pourquoi nous avons dû chercher tous les moyens d'en étendre l'utilité.

Nous ne devons pas dissimuler au surplus, l'extrême attention qu'exigera le classement des officiers d'un corps, dont l'organisation doit le rendre propre à plusieurs objets; on a pu juger aussi à quel point la grande liaison de ces objets pourroit en faciliter l'exécution. On dira *que l'ennoncé de ces dispositions paroît aisé, mais que l'exécution en seroit troublée fréquamment, par des négligences; et que dès-lors notre plan seroit imparfait.* J'en conviens. Mais quel est le bon plan en état de résister à l'inexécution ? Au reste, comme ce n'est pas à nous à douter aujourd'hui des bonnes intentions, nous persistons à penser que l'exécution seroit facile et que même on pourra reconnoître par les détails de la formation ci-après, des arrangemens propres à completer la reponse à ces objections.

Formation générale du corps royal de l'Artillerie et du Génie.

PARTIE DÉTACHÉE.

Officiers.	Dépenses de la nouvelle formation.	Economies qui en resultent sur l'état actuel.
12.. Inspecteurs généraux du corps royal de l'Artillerie et du Génie à . . . . 15,000 Liv. chacun, exigeront une dépense de *)	180,000 L.	
Observez que ces 12 inspecteurs dans la nouvelle formation, représenteront les dix inspecteurs actuels de l'Artillerie, les 13 directeurs du Génie, et les deux directeurs de l'État-major et du dépôt de la guerre; lesquels coutent ensemble dans l'état actuel, la somme de . . . 327,000 L. partant, une économie sur cet article qui s'éleve à la somme de		147,000 L.

*) Sur ces 15,000 Liv. il n'y en auroit que 12,000 Liv. de fixes, les 3,000 restans seroient affectés par forme de supplément qui n'auroient lieu qu'en faveur de ceux qui seroient exacts au conseil

Officiers.	Dépenses.	Economies.
12 . D'autre part	180,000 L.	147,000 L.

Note. On jugera d'abord que ce premier objet d'économie sera bien plus que suffisant pour procurer d'excellentes retraites aux officiers généraux de cette classe, dont la nouvelle formation exigeroit l'éloignement....
Deux de ces inspecteurs résideroient à Versailles et seroient chargés plus particulierement de rapporter tous les détails de l'administration ; les dix autres se partageroient les frontieres du Royaume pour l'inspection générale des régimens, des écoles, des fortifications et des arsenaux.

Ces douze inspecteurs seroient tenus de s'assembler tous les hivers à Versailles, où ils formeroient un conseil d'administration : c'est dans ce conseil qu'on rapporteroit toutes les affaires, tous les projets et les différens services confiés au nouveau corps ; c'est là qu'on régleroit les destinations, dont on renouvelleroit le tableau tous les ans. Les affaires ainsi réduites, et les projets examinés et balancés, seroient présentés au Ministre de la Guerre, qui en suspendroit, modifieroit, ou ordonneroit l'exécution.

Il ne seroit admis d'autre primauté

---

d'administration, qui se tiendroit tous les hivers à Versailles, ainsi qu'il sera expliqué à la suite.

Officiers.		Dépenses.	Economies.
12 .	Ci-contre	180,000 L.	147,000 L.

dans l'ordre des inspecteurs que celle qui sort naturellement et variablement, d'une plus grande étendue dans les facultés de l'esprit : un *premier* aura toujours ce prodigieux inconvénient, que son titre, ne le mettant point à l'abri du vieillir, le tems arrive bien vite où l'administration pourroit s'affoiblir ; surtout dans les corps où l'on n'arrive déjà que trop tard.

24 . Directeurs du corps royal de l'Artillerie et du Génie, dont dix à . . . . . 9,000 L. qui seront en même tems chargés des commandemens d'école et des plus grandes parties, et quatorze à 7,000 L. répartis dans le reste des frontieres et des grands arsénaux cet objet exigera une dépense de . . . . 188,000 L.

Observez que ces 24 directeurs, représenteront dans la nouvelle formation les 22 directeurs actuels de l'Artillerie, les 21 chefs de brigade du Génie, les 9 commandans

| 36. | | 368,000 L. | 147,000 L. |

Officiers.	Dépenses.	Economies.
36. De l'autre part	368,000 L.	147,000 L.

d'école des deux corps, et les six premiers officiers de l'Etat-major, lesquels coutent ensemble, la somme de 283,800 L. partant, une économie sur cet article de la somme de . . . . 95,800 L.

Note. Ces 24 directeurs seroient chargés de la formation des projets, de la direction de toutes les entreprises, de la vérification des toisés et de maintenir l'exactitude du régime de l'administration de tous les travaux.

Les directeurs seroient assujetis à une résidence fixe dans le point central de leur direction, qui seroit aussi celui des divisions de l'armée. . . .

78. Chefs de place, pour conduire immédiatement toutes les parties de l'Artillerie et du Génie et les commissions rélatives à l'État-major des armées : ils seront distribués dans toutes les places du royaume et divisés en 3 classes, la premiere de 26 colonels à . . . . . 4,800 L.

114.   368,000 L.   242,800 L.

Officiers.	Dépenses.	Economies.

114. Ci-contre . . . . 368,000 L. 242,800 L.
la seconde de 26 lieutenants-colonels à . . . 3,600 L.
la troisieme de 26 majors à . . . . . . 3,000 L.
ces trois classes couteront ensemble la somme de . . 296,400 L.

Observez que ces 78 *chefs de place* représenteront dans la nouvelle formation les 22 sous-directeurs de l'Artillerie, les 6 officiers supérieurs employés dans les forges, fonderies et manufactures d'armes, les 8 officiers supérieurs de l'Artillerie détachés dans les places, les 21 lieutenants-colonels du Génie, les 21 majors du même corps, les 3 ingénieurs en chef des ports pour les parties maritimes, les ingénieurs en chef des ponts et chaussées qui se sont introduit dans les places maritimes, les 10 lieutenants-colonels et majors de l'État-ma-

114. 664,400 L. 242,800 L.

Officiers.	Dépenses.	Economies.
114. De l'autre part	664,400 L.	242,800 L.

jor de l'armée et les deux ingénieurs géographes employés comme chefs : or toutes ces parties consomment une dépense dans l'état actuel, qui s'éleve à la somme de 336600 l. partant, une économie sur cet article, de la somme de *). . . . . . 40,200 L.

Note. Si cet article d'économie ne suffisoit pas pour faire dans cet ordre d'officiers, toutes les retraites que la nouvelle composition exige, on retrouveroit amplement dans les autres articles de quoi y suppléer; et le Roi rentreroit toujours éventuellement, dans la totalité de l'économie annoncée; laquelle s'éleve, ainsi qu'on le verra ci-après, à la somme de 1,234,000 liv. sans compter toutes les bonifications plus importantes qui doivent résulter de la suppression des abus qui accompagnent nécessairement la multiplication des ordonnateurs.

| 114. | 664,400 L. | 283,000 L. |

*) L'économie de cet article s'éleveroit à 30,000 liv. de plus, si l'on y avoit compris les traitemens extraordinaires dont on pourroit se dispenser dans la nouvelle formation ; par la raison que ces officiers, se trouvant tous répartis sur les frontieres, n'auroient pas le prétexte de leurs courses, à faire valoir.

Officiers.		Dépenses.	Economies.
114.	De l'autre part	664,400 L.	283,00 L.
65.	Capitaines en pied, dont 20 de premiere classe à 2700 liv. vingt de la seconde classe à 2400 liv. et 25 de la troisieme classe à 2000 liv. formant ensemble une dépense de . . . . 152,000 L.		
65.	Capitaines en second, dont 30 à 1600 L. et 25 à 1350 L. formant ensemble une dépense de . . 95,250 L.	247,250 L.	

Observez que ces deux ordres d'officiers, formant ensemble 130 capitaines, représenteront dans la nouvelle formation, les 67 capitaines d'artillerie en résidence (sans compter les capitaines en second détachés des régimens, qui seront indiqués ailleurs) les 9 capitaines du même corps employés dans les forges, les fonderies et manufactures d'armes ; les 189 capitaines du Génie, les 20 ca-

| | | 911,650 L. | 283,000 L. |

| Officiers. | | Dépenses. | Economies. |

244. Ci-contre . . . . 911,650 L. 283,000 L.
pitaines de l'État-major, les 6 ingénieurs en second de la marine, les 10 ingénieurs géographes militaires qui ont commission de capitaines, les 8 ingénieurs de colonies que l'on croit encore employés dans les isles. Or, toutes ces différentes classes consomsomment ensemble une dépense de . . . 599,400 L. partant, on obtiendra sur cet article une économie de *) . . . . 352,150 L.

Note. Comme les 78 chefs de place pourront ne pas suffire pour toutes les places qui seront conservées et pour fournir à toutes les commissions particulieres dont ils pourront être chargés, les premiers capitaines de cette formation seront employés en chef dans les places ou postes de moindre importance.

On voit que l'économie de cet article, qui est de 352,150 liv. est

244.   911,650 L.   635,150 L.

---

*) On ne comprend point encore dans cet article d'économie, une dépense annuelle employée en traitemens extraordinaires, dont on seroit en grande partie dispensé par la nouvelle formation.

Officiers.		Dépenses.	Economies.
244.	Ci-contre . . . . bien au-delà de ce qui sera nécessaire pour fournir très-amplement à toutes les retraites qu'exige cette formation.	911,650 L.	635,150 L.
130	Lieutenants dont 65 en premier, à 1080 L. et 65 en second, à 900 L. formeront une dépense totale de	128,700 L.	

Observez que ces 130 lieutenants de la nouvelle formation, exécuteront en sous-ordre les mêmes fonctions qui sont distribuées aujourd'hui entre les 70 capitaines en second des régimens d'artillerie détachés dans les places ; les 24 anciens garçons majors de l'artillerie également détachés dans les places ; les 63 lieutenants en premier du génie ; les 40 lieutenants en second du même corps ; les 10 ingénieurs géographes lieutenants ; les 8 ingénieurs lieutenants, que l'on croit subsister encore dans les colonies ; plus les 12 ingénieurs employés en

374.		1,040,350 l.	635,150 l.

Officiers.	Dépenses.	Économies.

374. De l'autre part . . . . . . 1,040,350 l. 635,150 l.
troisieme dans les ports; les 6 ingénieurs des ponts et chaussées employés en troisieme dans les places maritimes; et les 15 ingénieurs géographes des affaires étrangeres. Or, toutes ces différentes classes consomment une dépense totale qui s'éleve à la somme de . . . . . 283,280 L.

Il résulte de là que l'économie qui reviendra sur les fonctions attachées aux lieutenans de la nouvelle formation, montera à la somme de . . . . . . 154,580 l.

Note. Que l'on n'a point compté dans cette bonification, ni dans celles qui résultent des autres articles, tous les traitemens extraordinaires qui deviennent habituels et qui se multiplient précisément en raison de la multiplicité des petits corps séparés.

374. Total des officiers détachés.

Le corps détaché composeroit donc une masse de 374

1,040,350 l. 789,730 l.

Officiers.	Dépenses.	Economies.
374. Ci-contre	1,040,350 l.	789,730 l.

officiers, dont on indiquera, (en tems et lieux) plus particulièrement la répartition, pour remplir facilement et sans aucune confusion, toutes les fonctions partagées aujourd'hui entre 764 officiers, de douze nuances différentes, dont le but principal de chacune est de dépouiller les autres, au grand détriment des intérêts du service et des finances du Roi.

Il faut observer que si dans le cours de l'année il survenoit momentanément, quelques besoins d'officiers pour le service des places; ce qui pourroit arriver, tant à raison de cette grande réduction, que des congés obligés ou de quelques commissions extraordinaires qui laisseroient du vuide dans certaines parties des frontieres, les officiers des régimens, (dont on va donner la composition) pour-

Officiers.	Dépenses.	Economies.
374. De l'autre part	1,040,350 l.	789,730 l.

roient y suppléer ; et ce seroit encore un des grands avantages de la réunion que l'on propose, eu égard aux relations qui seroient établies entre les régimens et les corps détachés.

Dans ce cas, les inspecteurs généraux et même les directeurs commandans d'école, seroient autorisés à détacher accidentellement dans les places, des lieutenans des régimens, en rendant compte au sécrétaire d'état de la guerre, des motifs de ces destinations passageres ; mais d'ailleurs il ne leur seroit pas loisible de changer les destinations générales, telles qu'elles auroient été arrêtées chaque année par le ministre de la guerre, d'après le tableau qui lui en auroit été remis par le conseil d'administration des inspecteurs généraux.

Observez que les motifs secrets de ces destinations, tantôt

fixes

Officiers.	Dépenses.	Economies.
374. Ci-contre	1,040,350 l.	789,730 l.

fixes et tantôt mobiles, seront le véritable pivot de cette constitution et le principe de l'ensemble, de l'harmonie et de la perfection des mouvemens de la machine.

Il est tems de passer à la composition des régimens *).

---

*) On fera peu de changemens à leur constitution actuelle; et dans la vue seulement d'établir les rapports qu'elle doit avoir avec l'organisation du corps détaché; sans préjudice, toutefois, de certaines réductions importantes qui peuvent avoir lieu; mais qui me paroissent devoir être concertées. On a observé, par exemple, qu'il a paru défectueux de composer une classe entiere d'officiers, tirés du corps des sergens, dans l'intention de dispenser les autres classes des soins de la discipline intérieure : on croit en conséquence qu'il convient de relier tous les anneaux d'une subordination graduelle, de la tête, aux extrémités; en offrant d'ailleurs aux soldats distingués, la perspective d'un avancement, qui, n'étant plus borné à une seule classe, rappelleroit tous les stimulans de l'émulation.

On pense aussi assez généralement dans le corps de l'Artillerie, que les chefs de brigade ne sont point nécessaires, et que ce grade superflu, ôte plus de considération aux capitaines qui ne l'ont pas, qu'il n'en procure à ceux qui en sont revêtus.

F

Officiers.	Dépenses.	Economies.
374. De l'autre part	1,040,350 l.	789,730 l.

Composition des régimens pour les officiers seulement.

588 Officiers composeront la masse des sept régimens ; savoir pour l'un des régimens.

un colonel, supplément de traitement compris à 6,000 L.
un lieutenant - colonel
à . . . . . . 3,600 L.
un major à . . . 3,000 L.
un aide-major à . 1,500 L.
six capitaines de canonniers
à . . . . 2,700 L.
six capitaines de canonniers
à . . . . 2,400 L.
huit capitaines de canonniers, bombardiers et sapeur
à . . . . . . 2,000 L.
20 lieutenants en 1er à 1,080 L.
20 lieuten. en second à 900 L.
et 20 lieutenants en troisieme tirés indistinctement de la classe des hommes instruits
à . . . . 800 L.

Officiers.	Dépenses.	Economies.
962. Ci-contre	1,040,350 l.	789,730 l.

Or, cette composition forme un montant de dépense de . . . . . 128,800 L. pour chaque régiment; et pour sept régimens semblables, la somme de . . . 901,600 l.

Observez que la totalité des officiers des régimens, dans l'état actuel, coute la somme de . . . . 1,012,200 L. mais en comprenant dans cette somme, celle de 105,000 L. pour les 70 capitaines en second détachés dans les places; laquelle, nous avons déjà portée en économies sur la masse des officiers détachés. Par conséquent il ne reviendroit ici réellement, qu'une bonification de la somme de . . . . . . 5,600 l.

Remarquez d'ailleurs, que la véritable économie de cet article, resulteroit de ce que les sept régimens conservés, devant fournir désormais par

| 962. | 1,941,950 l. | 795,330 l. |

| Officiers. | Dépenses. | Economies. |

962. De l'autre part . . . . . 1,941,950 l. 795,330 l.
détachemens à tous les services des colonies, on pourroit laisser éteindre le régiment d'artillerie coloniale, officiers et soldats; ce qui produiroit une économie de . . . . 380,000 l.

Note. Il faut observer que par la suite, les lieutenants en troisieme seroient pris dans la classe des hommes instruits; ce seroit le premier pas des officiers qui sortiroient de la grande école; c'est delà qu'ils partiroient pour remplir les places de lieutenants en second des régimens, ou pour être détachés, en la même qualité, dans les places; ce qui seroit déterminé d'après la déliberation du conseil d'administration des inspecteurs, relativement au caractere et au genre de capacité des sujets.

C'est en conséquence de ces vues que l'on n'a point admis les lieutenants en troisieme dans le corps détaché. On remarquera d'un autre côté, que nous n'avons point admis la classe des capitaines en second dans les régimens, où elle n'est point nécessaire; ainsi l'on ne jouiroit de ce dernier emploi qu'en passant dans

962.   1,941,950 l. 1,175,330 l.

Officiers.	Dépenses.	Economies.
962. Ci-contre : : : : :	1,941,950 l.	1,175,330 l.

le corps détaché ; et ce passage seroit une nouvelle épreuve, de laquelle on partiroit encore, pour rester détaché, en qualité de capitaine en premier, ou pour rentrer en la même qualité à la tête d'une compagnie. C'est dans ce passage particulierement, qu'il seroit essentiel de ne témoigner aucune défaveur à ceux qu'on feroit rester en résidence, ou repasser dans les régimens ; on attacheroit même, suivant l'occasion, une sorte de distinction aux uns et aux autres, suivant ce que l'on croiroit devoir d'égards à la qualité des sujets ; mais ce seroit là le secret de l'administration.

Indépendamment de ces mutations de regle, il s'en feroit d'autres, dans tous les grades ; mais celles-ci seroient rares : elles seroient fondées sur des motifs dont le conseil d'administration garderoit toujours le secret.

On éviteroit d'ailleurs, les changemens d'un régiment à l'autre, qui seroient les suites nécessaires du mouvemens total d'un si grand nombre ; en conséquence, on diviseroit la masse des capitaines et des lieutenants du corps, en sept tableaux particuliers, attachés à chaque régiment, pour la suite de l'avancement ; cha-

Officiers.	Dépenses.	Economies.
962. De l'autre part	1,941,950 l.	1,175,330 l.

que tableau seroit composé comme il suit :

31 Capitaines en premier, dont
. . . . . . 11 détachés.
11 Capitaines en second . détachés.
31 Lieutenants en premier, dont
. . . . . . 11 détachés.
31 Lieutenants en second, dont
. . . . . . 11 détachés.
20 Lieutenants en troisieme.

124. Total de l'un des tableaux.

On feroit en sorte par l'élaguement des morts et des retraites, que le cheminement se trouvat à-peu-près égal dans chaque tableau. On a compté que ce mouvement produiroit le remplacement de 24 individus, qui passeroient chaque année de l'école dans les régimens ; ainsi pour nourrir cet avancement, l'école où l'on resteroit deux ans, devroit être de 48 éleves.

La masse des officiers supérieurs du corps composeroit un autre tableau, dont le mouvement seroit reglé d'après la base générale de l'ancienneté ; mais de laquelle cependant on s'écarteroit quelques fois en faveur des actions de guerre marquées, ou de certains services distingués, de quelque nature qu'ils soient ; ayant toutefois, l'attention de conserver toujours

Officiers.	Dépenses.	Economies.
962. Ci-contre	1,941,950 l.	1,175,330 l.

une préférence marquée pour les vrais services de guerre. C'est aux mêmes titres aussi, qu'on pourroit sortir quelques fois de la classe des capitaines en premier, pour être porté au grade de major. Mais jusques là, l'avancement seroit maintenu dans la régularité des sept tableaux, liés aux sept régimens.

Il paroît qu'il conviendroit peut-être, de faire prendre aux régimens de l'Artillerie-Génie des noms plus généraux que ceux des villes que l'on confond ordinairement avec celles où ils sont en garnison ; en conséquence on pourroit les désigner sous les noms de régimens *du Rhone*, *du Rhin*, *de la Mozelle*, *etc.*

Compagnies d'ouvriers.

36 Officiers repartis dans les 9 compagnies d'ouvriers, dont
un capitaine à . . 2,700 L.
deux capitaines à . 2,400 L.
et les 6 autres capit. à 2,000 L.
9 capitaines en second dont
4 à . . . . . . 1,600 L.
et 5 à . . . . . 1,350 L.

998.

Officiers.	Dépenses.	Economies

998. De l'autre part . . . . 1,941,950 l. 1,175,330 l.

9 lieutenans en 1er à 1,800 L. et 9 sous-lieutenans tirés du corps des sergens à . 840 L. lesquels forment en totalité une dépense de . . . . 49,930 l.

Note. Comme on a des raisons de soutenir ces compagnies sur le pied actuel, il n'y auroit aucune économie à faire sur cet article.

Les officiers de ces compagnies, (à la réserve des 9 sous-lieutenans qui seront tirés du corps des sergens) seroient repartis dans les sept tableaux indiqués ci-dessus pour suivre la marche de leur avancement.

Compagnies des mineurs.

12 Officiers répartis dans les 6 compagnies de mineurs; savoir, un lieutenant en premier tiré du corps des sergens à . . . . 1,080 L. et un lieutenant en second, également tiré du corps des sergens, à . . . . 840 L. formeront une dépense, dans

1010. 1,991,880 l. 1,175,330 l.

Officiers.	Dépenses.	Economies.

1010. Ci-contre . . . . . 1,991,880 l. 1,175,330 l.

la nouvelle composition, qui s'éleve à la somme de . . . 11,520 l.

Observez que ces officiers ne seroient chargés que de l'exploitation desdites compagnies, rélativement à la discipline seulement; mais elles seroient commandées supérieurement par les derniers capitaines en premier et en second qui se trouveroient en résidence dans les places où lesdites compagnies seroient détachées, à l'occasion de quelques grands travaux. Or l'état actuel des compagnies de mineurs forme une dépense, pour les officiers seulement, de la somme de . . . . 47,740 L. partant, une économie sur cet article qui s'éleve à la somme de . . . . 36,220 l.

Note. Que les travaux des mineurs seroient dirigés supérieurement par les chefs de place et que dans les

1010.   2,003,400 l. 1,211,550 l.

Officiers.	Dépenses.	Economies.
1010. De l'autre part	2,003,400 l.	1,211,550 l.

premiers tems, ils emploieroient de préférence aux détails de ces travaux, ceux des officiers qui auroient appartenu au corps actuel des mineurs; lesquels se trouveroient alors, faire partie de la masse générale du corps. Plusieurs de ces officiers pourroient se trouver eux-mêmes dans l'ordre des chefs de place.

Une des compagnies de mineurs seroit détachée, de fondation, (mais alternativement) à l'école générale de l'artillerie et du génie. Il seroit détaché aussi à la même école plusieurs officiers qui auroient appartenu au corps actuel des mineurs; non seulement pour le commandement supérieur de ladite compagnie, mais pour conserver et répandre l'instruction de cette branche essentielle de l'art des sieges; ils dirigeroient les travaux de cette partie, qui étant ordonnés par le commandant en chef de l'école, se trouveroient dès lors parfaitement concertés.

Deux compagnies de sapeurs passeroient aussi alternativement à la même côté générale, et leur instruction, réunie à celle des mineurs, doubleroit les facultés des uns en triplant celles des autres.

Une conséquence de cet arrange-

Officiers.	Dépenses.	Economies.
1010. Ci-contre	2,003,400 l.	1,211,550 l.

ment engageroit aussi quelquefois, à détacher, avec des brigades de mineurs, une ou plusieurs compagnies de sapeurs, dans les places où l'on se proposeroit d'exécuter des dispositions de contremine un peu considérables ; ou d'autres travaux, auxquels ces deux troupes seroient également propres.

Ecole générale du corps royal de l'Artillerie et du Génie.

48 Eleves réunis en une seule école à . . . . . 720 L. l'un, forment une dépense montant à la somme de ci . . . . . . 34,550 L.

Pour suppléer au traitement ordinaire des quatre commandans de l'école, lesquels seroient tirés de la masse du corps, . . . 7,000 L.

Pour différens travaux relatifs à la levée des plans et des cartes, à l'école des sieges, à celle des mineurs, aux

| 1058. | 2,003,400 l. | 1,211,550 l. |

| Officiers. | Dépenses. | Ecoñomies. |

1058. De l'autre part . . . . 2,003,400 l. 1,211,550 l.

manœuvres de l'artillerie, aux exercices des retranchemens des armées etc. la somme de . . . . . 15,000 L.

Pour des expériences à faire dans tous les genres, une somme de . . . . . 3,000 L.

Pour les examinateurs, professeurs, maîtres de langue et de desseins, artistes etc. la somme de . . 16,000 L. lesquels forment en totalité une dépense de . . . . . 75,560 L.

Observez que cette école dispenseroit désormais des professeurs de théorie qui existent dans les écoles des régimens; et qu'à l'égard des autres parties, la même école tiendroit lieu des trois établissemens qui subsistent actuellement pour l'artillerie, le génie et les mineurs; lesquels forment une dépense totale de . . . . . 98,927 L.

1058.   2,078,960 l. 1,211,550 l.

| Officiers. | Dépenses. | Economies. |

1058. Ci-contre . . . . . . 2,078,960 l. 1,211,550 l.
partant, une économie, sur cet article, qui s'éleve à la somme de . . . . 23,367 l.

Note. Cet article d'économie demande vérification, en égard à la dissolution de l'école primitive de l'artillerie, dont nous ne connoissons pas le remplacement. On pense d'ailleurs, que les écoles particulieres des régimens devroient être purement de pratique; il est certain que l'instruction théorique, une fois acquise, devient absolument superflue. Il y aura aussi quelques arrangemens à prendre sur l'objet des relations à établir entre les exercices de l'infanterie et ceux du corps Royal de l'Artillerie et du Génie. Mais ces dispositions pourront être concertées en tems et lieux, avec les officiers généraux divisionaires.

1058. Total des officiers du corps royal de l'Artillerie et du Génie.

Total de la dépense de la nouvelle formation pour le corps d'officiers seulement . 2,078,960 l.

Total de l'économie qui résulte de cette formation sur l'état actuel [*]) . . . . 1,234,917 l.

---

[*]) On a observé postérieurement, en combinant les répartitions, qu'il

Il faut observer que les traitemens de retraites à accorder, en se proposant de satisfaire, suivant un grand esprit de justice, tous ceux dont la nouvelle formation demanderoit l'éloignement, exigeroient une somme annuelle, qui emporteroit d'abord plus des deux tiers de l'économie qu'on vient de présenter; ainsi le trésor royal ne profiteroit guere, dans le premier moment de la nouvelle formation, que de la somme de 300,000 Liv. Mais l'économie totale rentreroit éventuellement, et s'éleveroit à la somme positive de 1,234,000 Liv.

Ce n'est encore là que la moindre partie des avantages économiques de ce projet; il faut en juger par des accessoires d'une toute autre importance. Il ne s'agit point ici des parties soumises au régime des ponts et chaussées pour les travaux de l'intérieur; les améliorations dont elles peuvent être susceptibles n'entrent point dans notre plan; nous ne parlons que des travaux militaires des frontieres, ou de ceux, qui, y ayant des rapports prochains, avoient été confiés autrefois au corps du Génie et en ont été distraits. Nous en allons présenter l'apperçu et nous n'y ferons entrer que les parties auxquelles on peut employer les officiers de la nouvelle composition sans les détourner de leur service ordinaire.

---

ne faudroit que 1058 officiers au lieu de 1100 que nous avons annoncé.

On a remarqué aussi dans la recherche des détails qu'il y avoit plusieurs articles de non-valeur, qui s'élèvent à la somme d'environ 50,000 L. on auroit pu les ajouter à la colonne des économies; mais il a paru plus simple de reserver ces articles pour en composer un fond destiné aux gratifications qu'il est nécessaire de distribuer annuellement.

Apperçu des fausses dépenses, qui resultent de la multiplication des petits corps.

1°. Il existe des commissaires du Roi, dans plusieurs parties des frontieres du Royaume ; ils y sont entretenus sous le prétexte de régler ou de veiller aux délimitations avec les états des Princes voisins ; les dépenses de ces commissions sont sujettes à de grandes variations ; puisque le plus souvent elles dépendent de la mobilité de la faveur. Le relevé qu'on en a fait, en y comprennant les dépenses accessoires des arpentemens vrais ou supposés, s'est élevé dans ces derniers tems à la somme annuelle de 200,000 L. de laquelle on peut distraire environ 30 mille Liv. qu'il en couteroit en gratifications si ces commissions étoient confiées à des officiers choisis dans le corps réuni ; reste par conséquent sur cet article une dépense superflue de la somme de . . . . 170,000 L.

2°. Il existe aussi en plusieurs parties de nos frontieres, des inspecteurs de côtes, de rivieres, de batteries et de redoutes, lesquels n'inspectent jamais rien ; mais dont les traitemens se maintiennent en tems de paix ; ces traitemens passent même à leurs veuves et à leurs enfans. Ce que l'on con-

De l'autre part . . . . 170,000 L.

noit sur ces fausses dépenses, ne monte qu'à la somme de . . . . 46,000 L.

On a lieu de penser qu'une recherche plus exacte sur ce genre d'abus revolteroit d'avantage; mais il suffit d'observer ici que ces sortes de commissions pourroient être exécutées naturellement par les officiers de l'artillerie et du génie, qui étant tous portés et distribués sur ces frontieres, en rendroient compte aux ministres ou aux officiers généraux divisionaires, en paix comme en guerre et sans aucune dépense.

3°. On estime à dix-huit le nombre des employés, tant pour les ingénieurs du domaine, que pour certaines parties des travaux des villes et de l'extraordinaire des guerres; en n'évaluant leurs salaires, l'un dans l'autre, qu'à 3,000 Liv. chacun, il s'en suivroit une dépense superflue de . . . 54,000 L.

4°. On a vu dans ces derniers tems des officiers de l'État-major, employés sur presque toutes les frontieres; or, nous n'avons compté dans les évaluations précises, détaillées au plan de formation ci-dessus, que les appointemens ordinaires de cette classe; mais on estime qu'il y en a, chaque année, à-peu-près

270,000 L.

Ci-contre	270,000 L.

à-peu-près vingt, employés avec des traitemens extraordinaires: on présume que ces traitemens, (sans y comprendre les pensions et les graces arbitraires) se montent, l'un dans l'autre, à 3,000 L. chacun, ce qui compose une dépense superflue de la somme de . . . . 60,000 L.

Je dis superflue, parce que ces officiers, dans la rapidité de leurs courses, ne peuvent gueres prendre que des notions superficielles, sur les objets dans lesquels ils s'entremettent, pour en rendre compte par duplicata; car il est à noter que les mêmes comptes se rendent, tout simplement et sans dépenses, par les officiers du Génie, parceque leur position les met à portée de le faire.

5°. Les traitemens affectés extraordinairement aux ingénieurs géographes militaires et à ceux des affaires étrangeres, pour les levées de différentes parties des frontieres ou des côtes, dont la plupart existent déjà dans les cabinets des directeurs du génie. Cet article s'éleve au moins à 46,000 liv. par an; surquoi on peut supposer qu'une somme de 20,000 liv. seulement pourroit être nécessaire, en gratifications distribuées

330,000 L.

De l'autre part . . . . 330,000 L.
dans la nouvelle formation, pour continuer et rectifier les parties auxquelles le tems apporte nécessairement divers changemens. Reste donc en dépenses superflues à cet égard, la somme annuelle d'environ . . 26,000 L.

6°. On croit que, d'après les relevés des dépenses des batimens à l'entretient du génie et de l'artillerie, on se convaincra qu'elles s'élévent actuellement beaucoup au-delà de ce qu'elles étoient ci-devant; ces accroissemens proviennent d'une sorte de propension naturelle, qui fait que chacun considere sa petite place comme ce qu'il y a de plus important dans le monde; en sorte que l'on est assez généralement disposé à porter les projets annuels, au-delà du nécessaire. On sait d'ailleurs qu'une des plus grandes économies consiste éssentiellement dans la maniere de disposer les travaux; or, la réunion et le conseil d'administration, chargé de l'examen de tous ces projets, feront disparoître tous ces faux emplois. On les estime bien bas, en ne les portant qu'à 80,000 liv. pour toutes les places, grandes et petites, ci . . . . 80,000 L.

7°. On trouvera des améliorations à faire sur les travaux du génie; on pense

436,000 L.

Ci-contre . . . . 436,000 L.
que les petits postes et châteaux qu'on peut abandonner sur les frontieres indifférentes, produira une économie qui mérite attention.

L'examen et la discussion des projets en produira d'avantage, lorsqu'ils seront confiés à un conseil d'administration, qui sera à portée de juger du véritable but de leur utilité. On croit par exemple que l'on pourroit *cesser d'entretenir* certaines places, qui se trouvent en troisieme, ou en quatrieme lignes; quoique pourtant leur position puisse intéresser pour l'avenir. Dans ce cas, on se borneroit aux objets relatifs à l'établissement des troupes, ne reservant d'ailleurs que les masses brutes des fortifications, pour y avoir recours au besoin.

C'est dans les places de cet ordre qu'on devroit surtout se dispenser de ce qu'on appelle *une belle tenue;* d'autant que ces travaux de parade ajoutent bien peu à la résistance des forteresses, et ne reculent pas, quelques fois, de six heures, le moment où elles sont forcées de se rendre.

On estime que, tant sur ces objets, que sur une douzaine de châteaux — prisons, que l'on peut abandonner, avec suppression de leurs États-majors, les dépenses de

De l'autre part . . . . 436,000 L.
l'état pourroient être soulagées annuellement de la somme de *) . . . . . . 400,000 L.

8°. Les caserniers, les éclusiers, les gardes des mines et des fortifications, les inspecteurs des casernes, les écrivains, les dessinateurs, et autres employés du Génie pourront être réduits à-peu-près d'un tiers, au moyen de la réunion de plusieurs de ces emplois avec les gardes magazins de l'artillerie, et de la suppression de quelques autres, dans les places principales, dont le service seroit fait par les bas-officiers des troupes de sapeurs et de mineurs, qui s'en trouveroient à portée; sans les exposer pour cela à la dispersion que nous devons éviter soigneusement. On présume que cet article doit produire au moins une économie annuelle de . . . . 40,000 L.

9°. Les faux projets, provenant de la rivalité des corps parasites, ceux des hommes à systêmes, qui forcent la main des ministres par le crédit des prôneurs. Ces

876,000 L.

---

*) On ne comprend pas dans ce mémoire l'économie, qui résulteroit de la réduction des États-majors dans un plus grand nombre de petites places. Comme il peut y avoir des observations à faire à cet égard, même pour les places qu'on a le plus grand intérêt de conserver, on en fera l'objet d'un autre travail.

Ci-contre . . . . 876,000 L.
articles sont immenses, et très-difficiles à évaluer.

En faisant le relevé de ces objets, depuis quinze ans, ne parlant que de ceux qui sont venus à notre connoissance, on trouvera d'abord dans une isle de la côte d'Aunis, *un fort provisionel*, dont le ridicule n'a été bien senti qu'après y avoir dépensé 800,000 liv., en répartissant cette dépense sur les quinze dernieres années que nous avons pris pour terme, il ne résultera en fausses dépenses pour chaque année, que la somme de . . . . 53,000 L.

10°. Un étalage de forts détachés en dehors de nos grands ports, dans l'intention de garantir les principaux dépôts de la puissance maritime; .. ces travaux pris ensembles ont occasionné une dépense de 7,240,000 l. La plupart de ces dispositions ont été mutilées par la rivalité de plusieurs corps; on croit que l'objet qu'elles doivent remplir eut été obtenu avec beaucoup plus d'avantages par des travaux vraiment militaires; lesquels n'eussent exigé au plus qu'une dépense de 3,400,000 liv., il y auroit eu par conséquent sur cet article une dépense superflue de 3,840,000 liv. laquelle étant ré-

929,000 L.

De l'autre part . . . . 929,000 L.
partie sur les quinze années que nous avons pris pour terme, formeroit une fausse dépense annuelle de . . . . 256,000 L.

Cet article exigeroit sans doute plus de détails; mais on peut assurer que la précision sur cet objet, ainsi que sur plusieurs autres, eut été favorable à la colonne des dépenses superflues.

11°. Une forteresse à château neuf, sur l'utilité de laquelle les sentimens ont été fort partagés; mais en la supposant nécessaire, on eut pu en remplacer l'objet avec une économie de la somme de 900,000 liv. laquelle étant répartie sur les 15 dernieres années, eut fournis une épargne annuelle de . . . . 60,000 L.

12°. De fausses dispositions et des variations, au Havre de Grace; de grand travaux élevés et rasés en suite, pour être remplacés par d'autres, qui, quand on les supposeroit plus heureusement disposés, auroient toujours occasionné une fausse dépense de plus de 3 millions; cette dépense répartie sur les 15 dernieres années, forme un superflu annuel de la somme de . . . 200,000 L.

13°. Les entreprises de Cherbourg, contrariées par les prétentions opposées de plu-

1,445,000 L.

Ci-contre . . . . 1,445,000 L.

sieurs corps; des manoeuvres tenant du merveilleux, des variations; les tatonnemens qu'on a vu se manifester dès les commencemens de ces travaux extraordinaires. La dépense en est effrayante; mais nous supposons l'entreprise aussi bonne qu'elle est grande en son objet, et nous ne parlons que des fameux cônes et autres accessoires superflus, dont l'illusion n'a été reconnue qu'après y avoir dépensé 6,000,000 liv. en pure perte, eu égard à l'objet qu'on se proposoit. Cette somme répartie sur les 15 dernieres années, grossira annuellement le tableau des dépenses inutiles, de la somme de   400,000 L.

14°. Des changemens de systêmes dans les travaux des barres de plusieurs ports, depuis St. Jean de Luz jusqu'à Dunkerque. Nous ne parlons que des opérations manquées par la rivalité des corps projeteurs. Principalement au port de Dunkerque, pendant le ministère de Mr. de Calonne; cet article est considérable; l'apperçu qu'on en a fait s'élève à plus de 7,800,000 liv. depuis 15 ans; ce qui feroit une fausse dépense annuelle de la somme de . . . . . .   520,000 L.

15°. Une somme de 400,000 liv. jettée dernierement dans une riviere, dont les

2,365,000 L.

De l'autre part . . . . 2,365,000 L.
dépôts tendoient à effacer une forteresse; l'objet dont il s'agissoit eut été remplis avec moins de 80,000 liv. par conséquent, la perte a été de 320,000 liv. laquelle étant repartie sur les 15 dernieres années que nous avons pris pour terme, forme une fausse dépense annuelle de . . . . . 21,000 L.

16°. Des travaux opposés aux fréquentes dérivations du Rhin, tant par les parties civiles et militaires, que par les communautés riveraines: si l'on en excepte certaines parties rélatives à la conservation des forteresses, toutes les autres ne présentent que des dépenses perdues. Ce fleuve abandonné à lui-même, eut certainement été plus sage: mais des bords factices, morcelés, disposés sans dessein et suivant les plus fausses directions, en ballottant les courans en tous sens, ont du produire la désolation des terres adjacentes, en faisant extravaser une multitude de dérivations errantes et variables. Ces travaux partiels, conçus par cent projeteurs différens, et par conséquent, sans aucunes vues d'ensemble, dirigés d'ailleurs dans un esprit d'hostilité et sans prévision pour l'avenir, ont été visiblement plus nuisibles qu'avantageux. Le défaut

2,386,000 L.

Ci-contre . . . . 2,386,000 L.

d'une main directrice a fait que jamais on n'a songé à fixer le lit du fleuve suivant des directions générales ; seul objet qu'on auroit dû se proposer et qu'on auroit obtenu par un plan collectif, concerté entre les parties civiles et militaires et avec les riverains impériaux. Ce projet vient enfin d'être formé ; il ne s'agit plus que de montrer aux possesseurs des deux rives, le grand intérêt qu'ils auroient à s'y rallier. Il a été demontré que si ce plan général avoit seulement existé, depuis que l'Alsace appartient à la France, (supposant qu'il eut été consenti) le problême du redressement dans un lit invariable seroit actuellement résolu : on n'y auroit sacrifié que les mêmes dépenses qui y ont été si infructueusement employées; et cent mille arpens de terres, reconquises sur le fleuve, eussent été le salaire de ces dépenses. Il semble, au lieu de cela, qu'on se reservoit de provoquer les ravages du fleuve, pour y trouver un aliment inépuisable, en perpétuant les commissions délimitantes, en renouvellant des projets sans terme, sans mesure et sans objet. On croit que ces dépenses se sont élevées à des sommes considérables, mais en nous bornant au terme des 15 dernieres années, on trouvera une dépense annuelle et inutile

De l'autre part . . . . 2,386,000 L.
de 400,000 liv. mais nous ne devons rapporter ici, que les dépenses employées pour la part du Roi, dans les parties mixtes; lesquelles se sont élevées, une année dans l'autre, à la somme de . . . . 90,000 L.

A l'égard du surplus de cette fausse dépense, il suffit que la province d'Alsace ait été avertie, par la communication qui lui a été faite de ce projet général.

17°. Les fautes commises dans les entreprises des canaux, par l'avidité des projeteurs et par l'intervention des compagnies privilégiées, ont entrainé à des dépenses énormes, dont une partie a été supportée par le Roi ; le reste est tombé à la charge des provinces, dont les intérêts ne peuvent se séparer de ceux du Roi et de l'état. Mais nous ne devons parler ici que de ceux des canaux qui circulent entre les fortresses, sur certaines frontieres, et qui par conséquent auroient du être au moins concertés avec l'administration militaire. Or, les fausses dépenses de ce genre, depuis 15 ans ; celles dont l'inutilité est reconnue aujourd'hui, ou qui du moins n'ont servi qu'à enrichir les actionnaires directeurs, s'élevent à plus de . . . . 5,000,000 L.

2,476,000 L.

Ci-contre . . . . 2,476,000 L.
ce qui pour chaque année fait une somme
perdue qui se monte à . . . . 333,000 L.

18°. Les projets militaires imaginés contradictoirement par la rivalité des corps projeteurs, dont les uns ne manquent jamais d'anéantir, autant qu'ils peuvent, les monumens déjà existans de la part des autres, et réciproquement, sans fin ni terme : telles sont des communications proposées par l'État-major et par les ingénieurs des ponts et chaussées. Ces projets, ouvrant le royaume, imposeroient l'obligation de le fermer par de nouvelles forteresses : tandis que celles qui ferment hermétiquement aujourd'hui, deviendroient inutiles. Heureusement une grande partie de ces erreurs ne sont encore que projettées ; n'enflons donc point notre compte par des fautes à venir ; c'est déjà trop d'avoir été forcé de révéler une partie de celles qui se sont commises depuis 15 ans. Nous ne pouvons cependant dissimuler une dépense au moins de 60 mille livres annuellement, pour des routes nouvellement ouvertes en différentes parties du royaume, et qui sont évidemment contraires à l'intérêt militaire ; sans compensations, en égard à l'intérêt civil, ci . 60,000 L.

2,869,000 L.

De l'autre part . . . . 2,869,000 L.

19°. Le château Trompette, vendu et démoli, sous prétexte d'un profit illusoire, qui du moins s'est évanouï en dissipations; après quoi, ouvrant les yeux sur la possibilité de voir deux corsaires, enlever 30 ôtages de la ville de Bordeaux, pour assurer le payement d'une contribution immense, on a senti la nécessité d'un point de sureté sur la Garonne; des ingénieurs des ponts et chaussées en ont formé le projet; ce projet, conçu en haine de l'esprit militaire et du génie fortificateur, n'est nullement rassurant; mais il se monte à la somme de 1,200,000 liv. On demande cette somme à ceux qui ont profité de la vente de l'ancien château; ils résistent, et le Roi finira par en payer la façon. Cependant ces abus monstrueux n'étant peut-être pas encore consommés, nous ne les porterons point ici en ligne de compte.

Total . . . 2,869,000 L.

Voilà une fausse dépense annuelle de près de trois millions; mais nous n'avons pas tout dit; car on se rappellera que Mr. Necker (prennant pour régle ce qui devoit être) avoit porté les dépenses de l'artillerie et du génie à 9 millions, tandis que, par le fait des abus dont on vient d'indiquer les sources, ces dépenses se sont toujours élevées dans ces derniers tems, à plus de 13

Ci-contre . . . . 2,869,000 L.
millions; sans y comprendre encore plusieurs articles de dépenses considérables, entremêlés par le département des ponts et chaussées.

Or, tous ces abus cesseroient, dès le moment de l'exécution de notre plan et de l'établissement d'un conseil d'administration, chargé d'examiner, sous les yeux du ministre de la guerre, tous les projets relatifs à la partie militaire : le même conseil seroit en même tems chargé de concerter les parties mixtes, avec les autres départemens.

Il est inutile de faire observer, que les valeurs qu'on vient d'exprimer, n'entreroient pas au trésor royal; il s'agit seulement d'empêcher qu'elles n'en sortent; ce qui revient précisément au même résultat: on doit par conséquent en ajouter le produit à celui qui résulte directement des économies positives de la nouvelle formation : lesquelles se montent, ainsi qu'on l'a vu ci-dessus, à la somme de . . . . 1,234,000 L.

Ainsi le total des économies directes ou indirectes s'éleveroit à la somme de . . 4,103,000 L.

On pourroit ajouter à cette somme, un autre article d'économie, mais indépendant de ce projet, et qui ne pourroit avoir lieu que lorsque les circonstances politiques le

De l'autre part . . . . 4,103,000 L.
permettroient. Il s'agit d'une réduction provisoire sur le nombre des soldats canonniers. Une pareille réduction nuiroit moins peut-être, dans l'artillerie, que dans l'infanterie; ce n'est pas que l'exercice d'un bon canonnier, ne demande beaucoup plus d'instruction qu'il n'en faut à un soldat d'infanterie; mais on pense que sur 12 canonniers il suffit d'en avoir huit excellens: les quatre autres peuvent être neufs, pourvu qu'ils soient forts et nerveux.

Il n'en est pas tout-à-fait de même des exercices de l'infanterie, qui, eu égard à l'ensemble et à la précision des mouvemens de tactique, exigent que l'instruction soit plus générale et à-peu-près la même pour tous. On peut en dire autant et à plus forte raison, des manoeuvres de cavalerie, lesquelles, pour parvenir à identifier les hommes avec leurs chevaux, exigent une longue habitude.

Quoiqu'il en soit de ces réductions provisoires, plus ou moins praticables, suivant la nature des différentes armes, elles ne pourroient avoir lieu d'abord que sous la garantie DE NOS FORTERESSES BIEN POURVUES. Après cela, sans prononcer sur la proportion des réductions qui pourroient avoir lieu dans l'infanterie et la cavalerie, on croit que, pour ce qui concerne le nombre des

Ci-contre . . . . 4,103,000 L.
soldats d'artillerie, le produit économique qu'on s'en proposeroit, ne devroit pas s'élever au-delà d'une somme annuelle de . 300,000 L.
Avec la condition encore, que des régimens provinciaux auxiliaires, seroient toujours prêts à fournir au corps de l'Artillerie les augmentations que les circonstances de guerre pourroient exiger.

Total des économies proposées dans ce mémoire . . . . 4,403,000 L.

Ces résultats pécuniaires méritent sans doute une grande attention; moins encore cependant, que les effets de la constitution que l'on propose, eu égard à l'accroissement de tous les moyens de force et de sureté qui doivent en sortir.

Toute réduction affoiblit ordinairement, et l'on auroit trouvé le secrêt de renforcer en réduisant. Mais il faut répéter qu'on n'obtiendra completement ces avantages que par le concours des intentions; car on peut prévoir que les abus se reproduiroient, tant que les causes n'en seroient point extirpées.

Refumé.

1°. On s'est proposé de réchercher le secrêt de nos forces; on en a rétrouvé les traces dans les ressources défensives, que nous offrent nos frontieres; elles ont été respectées par des voisins puissans et jaloux; mais les moyens de sureté qu'elles nous préparent, prennent un caractere plus intéressant, sous le point de vue des rapports qu'ils peuvent avoir avec le génie national; en le préservant des mouvemens de terreur dont on sait qu'il s'affecte dans les revers, et en favorisant ses saillies inimitables pour l'attaque, sans l'exposer aux dangers des rétours.

2°. Toutes les parties du service militaire, dont il est fait mention dans ce mémoire, étoient ordonnées par Mr. le maréchal de Vauban; il les faisoit mouvoir avec l'ensemble, l'économie, la simplicité, et l'unité d'intention qu'elles exigent. De grands succès et le salut dans les revers, en ont démontré les avantages. On s'est proposé de les recouvrer dans ce projet; non pas en reprenant les mêmes institutions, (elles ne pourroient convenir au tems où l'on a vu le génie d'un seul, se distribuer entre plusieurs) mais en les modifiant rélativement aux progrès de l'art, aux connoissances plus généralement répandues, et aux changemens qui en sont résultés dans le caractere des hommes de cette époque *).

3°. Une ancienne habitude de conciliation, suppléant au défaut d'ensemble, a maintenu quelque tems les corps de l'Artillerie et du Génie dans les relations qu'ils doivent avoir; elles se sont affoiblies successivement. Les sapeurs sont devenus étrangers à ceux qui doivent les conduire à la guerre. Les mineurs se sont isolés plus que jamais.

---

*) Voilà l'homme à qui l'on a envié un éloge académique! Son plus beau triomphe seroit peut-être, que le desespoir parvint à empêcher qu'on n'en décernat le prix.

jamais. L'État-major prétend s'emparer de tout ce qui a rapport aux établissemens des troupes : il ne se fait pas un projet de redoute, qui ne soit arraché et mutilé par la rivalité. Les travaux maritimes ont perdu les liaisons nécessaires, qu'ils doivent avoir avec les dispositions fortifiantes. Enfin il ne reste plus aux officiers du génie que le droit d'endosser la cuirasse pour marcher à la tête des sapes, seule prérogative qu'on ne leur ait point encore disputée, mais dont les occasions sont trop rares, pour justifier une composition aussi nombreuse. Il faut donc prendre un parti ; ou reformer le génie, ou supprimer l'État-major, ou composer un corps en état de faire disparoître tous ces faux emplois.

4°. On s'est proposé de déterminer cette constitution et l'on y est parvenu ; non pas seulement, sans rien altérer de l'influence des moyens dont il s'agit sur la force publique, mais en remontant une foule de ressorts affoiblis par la complication, en établissant cette unité de principes et de résultats qui en constitue la force et la durée ; en réunissant enfin à plusieurs avantages démontrés, le mérite d'une disposition, qui a déjà subi directement ou indirectement, toutes les épreuves de l'expérience ; en sorte que l'exécution n'exposeroit à aucuns des inconvéniens inséparables des nouveautés.

5°. La formation dont on vient de présenter le tableau compose un ensemble (les élèves compris) de 1058 officiers, destinés à remplacer, avec unité d'intention, une masse dispersée de 1654 officiers ou employés, de douze couleurs différentes, dont les fonctions entremêlées se nuisent dans le choc perpétuel des mouvemens compliqués de leur service.

6°. Enfin l'économie totale, qui résulte de cette constitution s'éleve à plus de 4 millions annuellement, en y comprennant les accessoires et la suppression des abus, qui naissent presque nécessairement de la subdivision anarchique de l'état actuel.

Sur le projet de l'ordonnance.

Il s'agit à-présent de faire disparoître les complications qui semblent accompagner l'exécution d'un plan, auquel, (faute de meilleures raisons,) on a reproché le défaut d'être *trop vaste*... On a pu reconnoître au contraire, que les complications se multiplient précisément en raison du nombre des corps, dont l'analogie des fonctions les sollicitent à se dépouiller mutuellement.

Il faut cependant convenir qu'il existe une difficulté d'exécution; mais c'est la seule; elle est toute particuliere, et il est d'ailleurs très-facile de l'éluder: c'est celle du concours des grades, qui, dans l'amalgame des corps réunis, ne manqueroit pas d'occasionner des réclamations dans les premiers tems; car il faut s'attendre, que l'intérêt du service échappera à ceux qui n'apperçoivent dans un plan général, que le cercle étroit de leur position personnelle. Nous observerons d'abord, à l'égard de ces réclamations, plus ou moins fondées, qu'elles ne forment pas un obstacle invincible; on en a vu la preuve dans l'expérience de la réunion de 1755, quoique pourtant on y eut provoqué le désordre et la confusion par les plus faux arrangemens.

Cependant comme un but général est toujours plus

ou moins lié à la satisfaction des individus, qui doivent y concourir, nous croyons que, dans ce cas, les considérations particulieres ne doivent point être négligées.

En conséquence, la premiere ordonnance devroit être simple et abrégée ; elle ne seroit point définitive, mais préparatoire seulement ; elle prononceroit la réunion et les attributions, et à l'égard des détails du service, elle renvoyeroit provisoirement aux dernieres ordonnances. Dès-lors, l'hidre de la rivalité seroit abattu ; l'intérêt deviendroit commun, et cet intérêt porteroit directement à celui du service. On laisseroit d'abord les individus dans les emplois qu'ils occupent. Puis, on procéderoit successivement aux destinations et à différentes mutations, par les ordres particuliers, qui seroient adressés. Cette exécution seroit suivie, de maniere que l'on fut toujours en état de repondre à chaque plaignant : *votre position étoit telle, dans l'ancien régime ; elle est encore la même, ou plus favorable ; et vous avez de plus, pour l'avenir, la certitude d'un avancement moins retardé...*

Outre ces raisons qui seroient bonnes et fondées pour tous, quelques autres appercevroient assez et sans qu'il fut besoin de les en avertir, la carriere intéressante, qui s'ouvriroit aux talens distingués, par l'étendue des moyens dont ils seroient à portée de disposer.

C'est ainsi qu'on sauveroit les plaintes du premier moment ; on éviteroit les sécousses ordinaires des changemens trop brusques ; plusieurs fonctions, d'abord séparées, seroient insensiblement rapprochées, jusqu'au moment, où l'on croiroit pouvoir en confier plus d'une, entre les mêmes mains ; reservant toute fois de ne jamais cumuler, ni attribuer indistinctement celles de ces fonctions dont l'étendue des occupations exigeroit des talens particuliers.

Ce ne seroit qu'après l'exécution progressive de ces arrangemens, (qui ne prendroient pas deux années) qu'on rédigeroit les détails d'une ordonnance définitive; mais l'ordonnance préparatoire en seroit le type, et quoiqu'elle ne prononceat d'abord que sur les dispositions générales, elle annonceroit assez de vues particulieres, pour inviter à l'accélération du complément de cette constitution; cependant l'organisation de l'ensemble en seroit déjà marquée, tellement que l'on put en faire usage, dès le premier moment, en toutes especes d'entreprises.

On ne transcrit point ici le projet de cette ordonnance, parce qu'il n'appartient qu'à ceux qui ne doivent la promulguer que d'après la conviction des principes développés dans ce mémoire.

FIN.

www.ingramcontent.com/pod-product-compliance
Lightning Source LLC
Chambersburg PA
CBHW070525100426
42743CB00010B/1953